Aufzeichnungen eine
– Das Tageb
Königlichen Nachric̣.
Franz Xaver Reichhart

Abb. 1: (v. l. n. r.) Martin Kißlinger, Franz Xaver Reichhart, Josef Hinterdorfer

„*Das Gewicht des Rahmens der Fallschwertmaschine in Würzburg, in die das Messer geschraubt wird, beträgt 68 ½ Pfund.*

Das des Messers 26 2/10 Pfund ohne Schrauben. So gewogen in Würzburg, am 15 Juni 1897.

Das Gewicht der Münchener Fallschwertmaschine mit Kiste und zwei Messern, Schrauben, etc.: 340 Kilo.“

Impressum

1. Auflage, Donauwörth 2018

„Aufzeichnungen eines Scharfrichters – Das Tagebuch des Königlichen Nachrichters von Bayern Franz Xaver Reichhart"

© Jürgen Gromann
Neurieder Weg 48 A
86609 Donauwörth
gromann@outlook.de

Bildrechte: Staatsarchiv München; Bildarchiv S. Winkler – München
Satz & Lektorat: Ramona Krieger
www.silbentaucher.de
Covergestaltung: Dennis Hartmann
www.hartmannfreelance.com

ISBN: 9781723868078
Independently Published
Druck: Amazon Europe in Luxemburg

Danksagung

Mein besonderer Dank gilt:

- dem Staatsarchiv München für das Bereitstellen vieler Archivalien

- dem Bildarchiv Winkler aus München für das Bereitstellen des Titelfotos

- Ramona Krieger für Satz, Lektorat und Beratung

- Dennis Hartmann für die grafische Umsetzung des Buchcovers

- Maria Jarosch aus München für die Unterstützung bei der Transkription

- Meiner Familie für die Unterstützung dieses Buchprojekts

Inhaltsverzeichnis

Vorwort

Vita

Franz Xaver Reichhart, geboren am 17.01.1851 in Mühlthal / Falkenstein, Sohn der Wasenmeisterseheleute Thomas und Anna Theresia Reichhart, war von 1894 bis 1924 königlicher Nachrichter von Bayern. Verheiratet war er in erster Ehe mit Anna Maria Kiesslinger (*24.04.1826 in Warth, † 10.06.1904 in München), Tochter der Wasenmeisterseheleute Peter und Helena Kiesslinger und in zweiter Ehe mit der Witwe Anna Elzinger, geborene Huber (*26.05.1856 in München, † 30.09.1924 ebenda). Er wohnte in München, Mariahilfplatz, bis er – auch gezeichnet von seinem Beruf – aus gesundheitlichen Gründen als Witwer in das städtische Pensionat in der Mathildenstraße zog, wo er auch am 12.07.1934 verstarb.

Sein Amt als „königlicher Nachrichter Bayerns" übte er hauptsächlich in den Gefängnissen in Straubing, Amberg, Augsburg und Stadelheim aus, als einziger verbeamteter Scharfrichter. In seiner langjährigen Dienstzeit hat er zahlreiche zum Tode Verurteilte durch die Guillotine hingerichtet.

Durch ein starkes Nervenleiden war Reichhart so eingeschränkt, dass er seine letzten beiden Testamente von 1924 und 1932 nicht mehr eigenhändig verfassen konnte. So heißt es in seinem notariellen Testament:

„Weiter wird festgestellt, dass Franz Xaver Reichhart erklärte, wegen Nervenleiden seinen Namen nicht schreiben zu können. Die Zuziehung der beiden Zeugen erfolgte daher auch aus diesem Grund."

Wir wissen, dass er ein sehr gläubiger Mensch war und zu Ehren seiner Eltern bei Falkenstein eine Kapelle erbauen ließ. Auf einer noch heute dort befindlichen Gedenktafel finden wir im folgenden Satz einen Hinweis zu seiner persönlichen Einstellung seiner Tätigkeit gegenüber: „Göttlicher Heiland, der Menschen Erlöser und einstiger Richter, um deiner Todesangst Willen verleihe uns allen ein glückseliges Sterben!" Wollte er sich hiermit selbst ein Stück Seelenheil sichern?

Bekannt wurde Reichhart durch die Hinrichtung des heute noch in Bayern legendären Räubers Mathias Kneißl. Sein Neffe Johann Baptist Reichhart, der das Amt des bayerischen Nachrichters übernahm, war zunächst in der Weimarer Republik als Scharfrichter eingesetzt. Während der NS-Zeit vollzog er zahlreiche Todesurteile von Straftätern und politischen Gegnern des NS-Regimes, unter anderem auch an den Geschwistern Scholl. Nach dem Zweiten Weltkrieg wiederum wurde Johann Reichhart von den Alliierten weiter beschäftigt.

Die Fälle

In seinem Tagebuch, welches im Original im Staatsarchiv München verwahrt wird, hält Reichhart sämtliche „Fälle", also alle Hinrichtungen, die er selbst durchgeführt hat, fest und beschreibt teils sehr ausführlich die Umstände des Verbrechens. Im starken Kontrast zu unserer heutigen

Berichterstattung über vergleichbare Delikte, ist seine Darstellung vollkommen unzensiert und oft drastisch. Wir erfahren in seinem Tagebuch nur wenig Persönliches über Reichhart und sein Gefühlsleben. Doch um das Ende einer Hinrichtung zu beschreiben, benutzt er oft die Wendung „er hat seine Tat gesühnt". Das gibt uns nicht nur einen Hinweis auf die damalige Sichtweise der Todesstrafe, sondern auch auf die Vorstellung, die Reichhart mit seinem Beruf offenbar verband.

Transkription

Den größten Einblick in das Seelenleben Reichharts gibt uns der Satz, den er am Ende seiner Einleitung schreibt: „Und so bitte auch ich die freundlichen Leser dieses Buches um ein freundliches Gedenken an den Nachrichter Bayerns, Franz Xaver Reichhart." Es war dieser Satz, der letzthin den Ausschlag für mich gab, dieses Tagebuch zu transkribieren und der Öffentlichkeit zugänglich zu machen.

In dem Bemühen, die Aufzeichnungen Reichharts möglichst originalgetreu und unverfälscht wiederzugeben, habe ich sie wörtlich transkribiert und der besseren Lesbarkeit zuliebe lediglich einige Rechtschreib- und Grammatikkorrekturen vorgenommen. Im Anhang des Buches befinden sich ein Orts- sowie ein Namensregister, sämtlicher erwähnter Orte und Personen. Da Reichhart häufig nach dem Gehör schrieb, sind manche Namen nur schwer zu verifizieren. Hinzu kommt, dass die Leserlichkeit des Textes zum Ende hin abnimmt, was auf das bereits erwähnte Nervenleiden Reichharts zurückzuführen ist. Aus demselben Grund werden spätere Aufzeichnungen teilweise auch von anderen Personen niedergeschrieben.

Denkanstöße

Über Reichharts Neffen Johann wissen wir, dass er einige Zeit in einer Nervenheilanstalt verbrachte. Seine Ehe scheiterte, ein Sohn beging Selbstmord und er selbst starb einsam und verarmt – nachdem er über 3100 Menschen (darunter auch 250 Frauen) überwiegend durch die Guillotine hingerichtet hatte. Als Jahre nach der Abschaffung der Todesstrafe die Diskussion über ihre Wiedereinführung entbrannte, sprach Johann Reichhart sich gegen diese aus. In einem Bericht der „Zeit", vom 30. Oktober 1964, wird er in diesem Zusammenhang wie folgt zitiert: „Ich tät's nie wieder."

Dieses Buch möchte den Leser keinesfalls moralisch belehren oder zu einer vorgefertigten Meinung drängen. Es sollen hier lediglich Denkanstöße gegeben und Fragen aufgeworfen werden, wie zum Beispiel: Wie muss sich ein Mensch gefühlt haben, dessen Beruf es war, zum Tode Verurteilte hinzurichten? Wie war dies mit seinem Glauben in Einklang zu bringen? Was für ein Leben haben Nachrichter am Rande der Gesellschaft geführt? Vergleicht man Verbrechen von Mördern und Triebtätern von damals mit heute, so war die damalige Rechtsprechung drakonisch. – Doch ergehen die heutigen Urteile tatsächlich „im Namen des Volkes", und wird das Leid der Opfer und Opferangehörigen angemessen berücksichtigt?

Reminiszenzen

Geboren am 17. Januar 1851 in Mühlthal bei Falkenstein, Kgl. Bezirksamt Roding in der Oberpfalz, habe ich, frühe vom Elternhause weggekommen, eine harte anstrengungsvolle Jugend erlebt, bis es mir glückte, die Wasenmeisterei[1] in Landshut zu erlangen und hiedurch selbständig zu werden.

Mit Dekret des k. b. Staats-Ministeriums der Justiz, vom 11. Januar 1882, zum 1. Nachrichtergehilfen ernannt, habe ich unter Meister Kißlinger nachverzeichnete 26 Personen den letzten Gang geführt und unter das Richtbeil gebracht.

Am 1. Mai 1894 wurde ich nach dem Tode Meister Kißlingers, mit Dekret des vorgenannten Ministeriums zum Nachrichter für ganz Bayern ernannt. Ich siedelte hierauf nach München über, am 25.11.93.

---

[1] Eine Wasenmeisterei (Fallmeisterei oder Abdeckerei genannt) war die Arbeits- u. Wohnstätte des Wasenmeisters (auch Fallmeister oder Abdecker genannt). Der Wasenmeister war für die Tierkörperbeseitigung und -verwertung (z. B. Leim, Seife, Bleichmittel) zuständig. Dieser Beruf galt als unehrlich, also ehrlos bzw. unehrenhaft.

Die von mir selbständig hingerichteten Personen führe ich im II. Teile an.

Ich habe den Tod all der Nachgenannten gesehen und deren Todesangst, und mich bei jedem gefragt: Wo ist der Dämon der diesen Menschen beherrschte und zu seiner scheußlichen Tat antrieb? Ist es dem Menschen vom Schicksal bestimmt derartige böse Taten zu verüben, dass sein Ende ein derart schreckliches sein muss?

Jederzeit drängte sich mir die Frage auf, ob denn der Zeitpunkt einmal eintritt, wo die Menschheit soweit vorgeschritten ist, dass Schafott und Nachrichter entbehrlich werden.

Ein jeder Name weckt traurige Erinnerungen, sind doch die Delinquenten lauter Ebenbilder Gottes und meistens in der Vollkraft ihres Lebens.

Und es ist auch für den Nachrichter und dessen Gehilfen selbst keine so angenehme Sache eine Hinrichtung zu vollziehen, denn die Aufregung des Delinquenten, die vorbereitenden Anstalten zu dem traurigen Akte selbst, das monotone Beten, unterbrochen von in der Todesangst ausgestoßenen Bemerkungen des zu Richtenden und nicht minder dessen hilfesuchenden Blicke, erregen den Vollziehenden unbeschreiblich.

Man könnte annehmen, dass die Reue, Gottergebung und das Fromthun der Delinquenten im letzten Stadium ein Produkt der Todesangst und der Ungewissheit vor dem Jenseits ist.

Sei dem nun wie ihm wolle, ich wünsche jedem der durch meine Hand starb oder noch sterben wird, die ewige Ruhe und die barmherzige Gnade Gottes.

Und so bitte auch ich die freundlichen Leser dieses Buches um ein freundliches Gedenken an den Nachrichter Bayerns

Franz Xaver Reichhart

I. Als 1. Gehilfe mitgewirkt bei den Hinrichtungen der nachstehenden Verbrecher

---

sämtliche Hinrichtungen wurden durch das Fallbeil[2] vollzogen

1. Fall: Rami Castulus von Berglern, Gericht Wartenberg, 25 Jahre alt, Dienstknecht, wegen Mordes hingerichtet am 1. März 1882, früh 7 Uhr, in der Angerfrohnveste in München.

Abb. 2: Rami Castulus

---

[2] Fallbeil ist ein Synonym zu Fallschwertmaschine und Guillotine

2. Fall: Reismann, Jos., ledig, Dienstknecht

von Feldkirchen, wegen Mordes am 4. Januar 1883 in München, früh 7 ½ Uhr.

3. und 4. Fall: Strohhofer Wilhelm,

Fuhrknecht Haidhausen und

Faßl Jakob, verheiratet, Hausbesitzer von

Kolbermoor
wegen Raubmordes, am 26. September 1883, früh 6 ½ Uhr.

5. Fall: Reitmer Michael, vormal. Gütler von

Kemnathen, zu Amberg, am 30. Januar 1884, früh 8 ½ Uhr. Derselbe ermordete seine Ehefrau und schwängerte seine Tochter.

6. Fall: Ziegelgensberger Benno, ledig,

Kutscher von Rabenbach, wegen Raubmordes, am 5. Juli 1884 in München, früh 7 Uhr.

7. Fall: Meilinger Georg, 22 Jahre alt, ledig,

Taglöhner von Drachselsried, wegen Raubmordes, am 21. Februar 1885 in Straubing, 7 ½ Uhr.

8. Fall: Hornsteiner Anton, ledig,

Geigenmacher zu Mittenwald, wegen Raubmordes, am 15. April 1885, früh 6 ¾ Uhr in München.

9. Fall: Maier Alois, ledig, Dienstknecht von Karres in Tirol, wegen Raubmordes, in Augsburg, am 6. Februar 1886, früh 7 Uhr 15.

10. Fall: Brunnbauer Johann, ledig, Dienstknecht von Furth i. W., wegen Raubmordes, zu Straubing, am 6. März 1886, früh 7 Uhr.

Abb. 3: Brunnbauer Johann

11. Fall: Stich Max, ledig, Schuhflicker von Milbertshofen und

12. Fall: Fischer Friedrich, Küfer von Nürtingen wegen Raubmordes in München am 4. August 1886 früh 6 ½ Uhr.

13. Fall: Buckreis Josef, Korbmacher von Thonberg, wegen Mordes in Bayreuth, am 2. April 1887.

14. Fall: Riedl Anton von Hienheim, wegen Mordes, in Amberg, am 2. Juli 1887, früh 6 Uhr.

15. Fall: Wild Mathäus Friedrich von Bernbach, wegen Mordes, in Bayreuth, am 10. November 1887, früh 7 ½ Uhr, war ein fürchterlicher Mensch und benahm sich noch in den letzten Momenten wie ein gefangener Tiger, ein furchtbarer Anblick.

16. Fall: Placack Josef, Dienstknecht aus Glosau in Böhmen, wegen Mordes und and., ein frecher unheimlicher Mensch, der seinen letzten Augenblick noch mit fürchterlichen, maßlosen Flüchen und Schimpfen ausfüllte. Derselbe machte den Eindruck eines gefangenen Raubtiers. Am 26. November 1887 in München, früh 7 ¼ Uhr hingerichtet.

17. Fall: Seihs Georg Adam, Steinhauer von Buchhaus, wegen Raubmordes, zu Bayreuth, am 10. April 1889, früh 7 Uhr.

18. Fall: Regauer Leonhard, verheiratet, Schuhmacher von Tandern, in München hingerichtet am 6. August 1890, früh 6 ½ Uhr.

19. Fall: Schieber Michael, Häusler von Pondorf, in Amberg hingerichtet am 6. Sept. 1890, früh 6 ½ Uhr.

20. Fall: Eichner Emil, Vergoldergehilfe von Breslau, in München hingerichtet am 17. Oktober 1890, früh 6 ½ Uhr.

21. Fall: Reitz Karl, ledig, Schlossergeselle aus München, in München hingerichtet am 15. November 1890, früh 6 ½ Uhr, wegen Raubmordes.

22. Fall: Dremmel Peter, Bauaufseher in Gerolfing, in Augsburg hingerichtet am 19. Dezember 1891, wegen Raubes, Mordes und Brandstiftung.

23. Fall: Labender Leonhard, Schäfer von Unterknöringen, in Augsburg am 15. Juli 1892, früh 6 Uhr, wegen Raubmordes.

24. Fall: Schindler Johann, ledig, Maler in München, wegen Raubmordes, in München am 16. November 1892, früh 7 ½ Uhr.

25. Fall: Kratzer Georg, verheiratet, Bauer von Weinhausen, in Augsburg, am 21. Juni 1893, 7 Uhr.

26. Fall: Guttenberger Karl, ledig, Bader von Dietkirchen, wegen Mordes und Raubes an der Lehrersfamilie Brunner in Dietkirchen bei Amberg, hingerichtet in Amberg, am 3. August 1893, früh 6 Uhr. Er hatte nur auf Befragen den einen Wunsch, nämlich den Staatsanwalt, der die Anklage gegen ihn führte, noch rasieren zu dürfen, was natürlich nicht gewährt wurde.

II. Verzeichnis der von mir als selbständiger Nachrichter mittels Guillotine Hingerichteten

1. Fall: Spichtinger Anton

Verheiratet, Söldner von Alzhausen, in Amberg hingerichtet am 2. Mai 1894, früh 6 Uhr. Derselbe ermordete im Herbste 1893 meuchlings seinen Vater mit einem Handbeil und vergrub die Leiche im Keller. Über der Leiche lagerte der Unmensch seine Kartoffeln, welcher er nach und nach verzehrte. Nach Ruchbarwerden der Sache begrub er die Leiche in einer anderen Ecke des fraglichen Kellers. Er starb anscheinend reuevoll.

Zugegen waren im Ganzen etwa 40 Personen mit Karten, ferner die Gerichtskommission, die Zeugen und ein Geistlicher.

Als Gehilfen fungierten: Josef Hinterdorfer von München als I. und Josef Rumel von München als II.

2. Fall: Giersberg Josef

Ledig, Strumpfwirker von Köln a. Rh., 33 Jahre alt, gestorben am 26. April 1895, früh 7 Uhr, im neuen Strafvollstreckungsgefängnis in München-Stadelheim, wegen Mordes. Derselbe im Jahre 1886 wegen Ermordung eines 10jährigen Mädchens zum

Tode verurteilt, aber zu lebenslänglicher Zuchthausstrafe begnadigt, verübte im Zuchthause, in der Nacht vom 10. - 11. Januar, an dem Mitgefangenen Mich. Probst einen Meuchelmord, indem er denselben mittels eines Holzbeiles den Kopf zu Brei zerschlug. Giersberg starb gefasst und reuig. Der Hinrichtungsakt dauerte kaum 2 Minuten.

Zugelassen waren ca. 60 Personen als Zuschauer, geistlichen Zuspruch leisteten 2 Kapuziner-Pater, worunter Pater Zenos.

Als Gehilfen fungierten Josef Hinterdorfer von München als I. und Martin Kißlinger von Altfraunhofen als II. Gehilfe.

3. Fall: Raupach Ernst

Verheiratet, Müller von Thüringen, 40 Jahre alt, hingerichtet am 14. August 1895, früh 6 Uhr, in Augsburg, wegen Verbrechens des Mordes an seiner Ehefrau. Derselbe kaufte Anfang Januar seine erst kurz angetraute Frau, unter falschen Vorspiegelungen in eine Lebensversicherung mit 6000 Mark ein, machte mit ihr eine Reise nach Lindau und fuhr mit ihr auf den Bodensee. Dortselbst muss er jedoch keine Gelegenheit gefunden haben zur Ausführung des Mordes. Deswegen bestieg er mit ihr einen nahen Berg, erdrosselte sie und stieß sie nun über den steilen Abhang des Berges in den See. Der Delinquent starb anscheinend gefasst, jedoch ohne Geständnis seiner Tat.

Anwesend waren außer der Kommission: die Zeugen, 60 Zuschauer, 25 Mann Infanterie und mehrere Offiziere. Vikare Anders und Martin leisteten geistlichen Zuspruch.

Als Gehilfen fungierten: Hinterdorfer und Kißlinger.

4. Fall: Wagner Georg

Verheiratet, Bauer von Witzlricht K. B. A. Amberg, 45 Jahre alt, wegen Gattenmordes hingerichtet am 16. November 1895, früh 7 ½, in Amberg.

Der Delinquent unterhielt seit 12 Jahren mit einer bei ihm bedienstete Dirne ein Liebesverhältnis. Letztere drängte sehr, er solle doch seine Frau wegräumen, damit sie ihn heiraten könne. Wagner vollführte den Mord am Osterdienstag, den 16. April 1895. Erst schickte er seine 4 Kinder auf das Feld, dann lockte er seine Ehefrau in den Stadel[3], um dort auf dem Boden Eier auszunehmen und stieß sie von dort von der Stadeltenne[4] hinunter. Dort versetzte er ihr mit einem Prügel 27 Schläge auf Kopf und Körper, sodass der Tatort einem Schlachtfelde glich. Wagner leugnete die Vorsätzlichkeit seiner Tat. Die Frau sei hinaufgestiegen und heruntergestürzt. Auf das Geschrei herbeigekommen, habe er ihr, damit sie nicht länger leiden müsse, mit einem Prügel mehrere Schläge gegeben.

Den geistlichen Zuspruch leistete Herr Kooperator Trübswetter von Amberg. Der Delinquent starb gefasst und mutig. Die Leiche wurde nicht der Kgl. Anatomie, sondern auf Wunsch den Verwandten des Hingerichteten übergeben.

Gehilfen: Hinterdorfer und Kißlinger.

---

[3] Stadel = Scheune.
[4] Tenne bezeichnet den befestigten Fußboden einer Scheune, auf dem in früheren Zeiten das Getreide nach der Ernte mit Dreschflegeln gedroschen wurde.

5. Fall: Persch Josef

Verheiratet, Metzger von Neustadt a. W. N., wegen Gattenmordes hingerichtet, am Freitag, den 11. September 1896, früh 6 Uhr, in Amberg.

Persch tötete am 29. Januar 1896 seine um 10 Jahre ältere Frau, teils aus Abneigung, teils aus Habsucht, im Keller seines Anwesens, mit 7 gewaltigen Schlägen, geführt mit einem Bierschlegel. Als der Stiel desselben brach und die Frau trotz der schweren Verletzungen noch Lebenszeichen gab, holte Persch die schwere Holzhacke und versetzte ihr auch noch mit dieser einige Schläge. Persch zog nun der Toten mit Hilfe seiner Mutter die blutigen Kleider aus und verbrannte dieselben im Keller, reinigte die Tote von Blut, packte ihre Leiche in einen Sack und fuhr sie während der Nacht mit einem Zugschlitten, den die Mutter des Persch vom Nachbarn entlehnte, in den Wald.

Der eigentliche Hinrichtungsakt dauerte kaum eine Minute.

Anwesend: Herr Staatsanwalt Weber, 12 Urkundspersonen, eine Abteilung Militär und ungefähr 60 Personen mit Karten. Geistlichen Zuspruch leistete Herr Kooperator Högel. Die Leiche wurde in die Anatomie Erlangen überführt.

Die Mutter erhielt wegen Anstiftung und Beteiligung 6 Jahre Zuchthaus, der Bruder als Mitwisser 3 Jahre Zuchthaus.

Während der letzten 2 Tage und Nächte machte Persch verschiedene Witze. So sagte er zu einem bartlosen Gendarmen: „Wenn nur Sie meinen schönen Bart hätten." Persch ließ sich nämlich 6 Wochen nicht mehr rasieren. Ein anderes Mal meinte er: „Nun, da wird meine Babettl schauen, wenn ich mit dem Kopf unterm Arm daherkomme."

Gehilfen: Hinterdorfer und Kißlinger

6. Fall: Frohnauer Josef

Ledig, Dienstknecht von Schönberg A. G. Regenstauf, 31 Jahre alt, hingerichtet in Augsburg, am 11. November 1896, früh 6 Uhr, wegen Raubmordes.

Frohnauer, der mit dem Bauern Joh. Schrott von Niedergerolsbach am 13. Mai 1896 gezecht und von demselben freigehalten worden war, ging mit Schrott nach Hause. Schrott, der etwas angetrunken war, legte sich im Walde zwischen Wolnzach und Haushausen nieder und schlief ein. Frohnauer tötete nun den Schlafenden mittels eines Messers und beraubte ihn. Dabei fielen ihm nur 4 M 50 in bar, 10 Stück silberne Westenknöpfe und eine Schnupftabaksdose, in deren Deckel der Name Schrott in Silber eingelegt war, in die Hände. Auch zog er dem Ermordeten die Stiefel aus. Ohne sonderliche Eile machte er sich alsdann auf den Weg nach Haushausen und begann im dortigen Wirtshaus das erbeutete Geld zu vertrinken, wobei er die unglaubliche Frechheit hatte, die Anwesenden aus der Dose des Ermordeten schnupfen zu lassen. Das führte auch zu seiner Entdeckung.

Bei der Urteilseröffnung weinte er bitterlich, doch benahm er sich nachher außerordentlich fest und ging festen Schrittes, ohne Führer, zum Schafott. Der Hinrichtungsakt dauerte 50 Sekunden. Während der 48stündigen Gnadenfrist verzehrte er mit gutem Appetit am 1. Tage Kotelette, 2 Schoppen Wein, am 2. Tage gebraten Fleisch und 2 Glas Bier und schnupfte reichlich.

Anwesend waren bei der Hinrichtung 12 Urkundspersonen, 1 Abteil. Infanterie mit 2 Tambour[5] Offizieren und Polizeikommissär und ungefähr 50 Personen als Zuschauer. I. Staatsanwalt Herr Hofmerkel, H. Kaplan Hegel und Pater Archangelus.
Gehilfen: Hinterdorfer und Martin Kißlinger

7. Fall: Ipfelkofer Josef

Ipfelkofer Josef, 37 Jahre alt, geboren am 7. Mai 1859 zu Seedorf bei Regensburg, verheiratet, Vater von 4 Kindern, am 7. Mai 1897 morgens 6 Uhr in Amberg wegen Verbrechens des Mordes und erschwerten Verbrechens der Notzucht hingerichtet.

Er hatte am 13. September 1896 an der Distriktsstraße[6] Kelheim – Weltenburg die ledige Dienstmagd Katharina Mirbeth überfallen und nachdem er wegen energischer Gegenwehr seine Wollust nicht zu befriedigen vermochte, derselben den Kehlkopf durchschnitten und nachher benützt. Diesen Hergang konnten die Ärzte deshalb konstatieren, weil sich die Schamlippen nicht mehr geschlossen hatten. Ferner wurde konstatiert, dass der Mörder die Mirbeth innen und außen mit seinem Samen bespritzte und sie dann mit Sand bestreute.

Sein Gang zur Urteilsverkündigung war sehr rasch, er hörte das Urteil ruhig an und bat um die 24stündige Gnadenfrist. Dann brach er in heftiges Weinen aus, wurde hierauf wieder ruhig, als ihm seine Frühsuppe und bald darauf 510 Gramm Brot gereicht wurden.

---

[5] Tambour = Trommler
[6] Distriksstraße = Kreisstraße

Hernach erbat er sich noch Maultaschen mit Krumen, was ihm jedoch verweigert wurde. Mittags erhielt er Suppe, Fleisch und Gemüse nebst einem Glas Bier. Als er später noch verschiedene Kleinigkeiten und abermals 510 Gramm Brot aß, musste er sich heftig erbrechen. Mit förmlichem Heißhunger verschlang er am Morgen des 6. Mai seinen erbetenen Pfannkuchen. Die Nächte über schlief er sehr gut und musste am Hinrichtungstage geweckt werden. Geistlichen Zuspruch leistete ihm Herr Kooperator Oswald, welchem er sehr zugänglich war.

Gehilfen: Hinterdorfer und Martin Kißlinger

8. und 9. Fall (Doppelhinrichtung): Able Anselm und Girnghuber Michael

Able Anselm, verheiratet, Bauer von Reith b. Reisbach A. G. Dingolfing, geboren am 18. April 1854 und Girnghuber Michael, ledig, Schreinergeselle von Reisbach, 28 Jahre alt, beide hingerichtet am Freitag, 11. Juni 1897, zu Straubing.

Zwischen dem obigen Anselm Able und seinem Vater Georg Able (dieser, ein 65 Jahre alter gutsituierter Witwer) bestand seit dem im Jahre 1895 erfolgten Tode der Mutter bzw. Frau, durch den habsüchtigen Charakter des Anselm wegen verkürzten Muttergutes, eine Feindschaft. Als aber nun Able sen. die 41jährige Maria Schwarzmüller als Haushälterin zu sich nahm, befürchtete der Anselm Able eine neue Ehe seines Vaters und dadurch den Entgang des elterlichen Anwesens. Der alte Able begann sich vor seinem Sohne, der verschiedene, sich immer steigende Drohungen ausstieß, sehr zu fürchten, denn Anselms böser Charakter ließ das Schlimmste befürchten. Anselm Able suchte schon ein Jahr vorher den bei ihm bediensteten Max Girnghuber, einen Bruder des Michael Girnghuber, gegen das Versprechen von 900 M zu überreden „den Alten durchzuthun". Dies gelang ihm jedoch nicht, weil Max G. nicht darauf einging. Auch der 22jährige Sohn des Anselm A., dem er das gleiche Verbrechen anmutete, verließ das elterliche Haus. Der nunmehr im Dienste des Anselm Able befindliche Mich. Girnghuber erlag schließlich dem fortwährenden Drängen des Ersteren und ließ sich dahin überreden, in Vereine mit dem 17jährigen Josef Able, den Großvater desselben und dessen Haushälterin, gegen das auf 5-900 M geschätzte gleichheitlich zu teilende Barvermögen desselben, zu ermorden.

Schon am 6. Januar sollte die Tat ausgeführt werden. Doch die Mordbuben verschliefen die gewählte Stunde. Erst am 10. Januar 1897 nachts nach 9 Uhr begaben sich die beiden nach dem circa ¾ Stunden entfernten Siegesbach, Gemeinde Obernhausen, jeder mit einem scharfgeschliffenen feststehenden Messer versehen. Girnghuber entnahm außerdem aus der Scheune des Alten eine große Hacke. Durch Geräusch geweckt kam Able sen. aus seinem Schlafzimmer herab, zur Haustüre heraus und wurde von den Mördern sofort angegriffen. Der Lärm zog auch die Schwarzmüller herbei, welche flüchtete und von Josef Able verfolgt, eingeholt und mit einem 9 cm langen, bis zum Knorpel des Kehlkopfes gehenden, Schnitt verwundet wurde. Girnghuber brachte dem alten Able einen furchtbaren 10 ½ cm langen, die oberen Halsmuskeln und die Zungenbeinhörner durchdringenden, Schnitt bei und eilte davon, in der Meinung sein Opfer sei tot, ins Haus, worauf der Alte davonlief. Beide, als sie dies sahen, eilten dem Alten nach, doch der entkam in das nächste Haus, wo er verschied.

Da die schwer verwundete Schwarzmüller den Josef Able erkannt hatte, wurden beide Mörder und der Anstifter Anselm Able verhaftet. Sie waren geständig und wurden

1. Anselm Able zum Tode und 12 Jahren Zuchthaus,
2. Girnghuber Michael zum Tode und 8 Jahren Zuchthaus und
3. Josef Able zu 15 Jahren Zuchthaus verurteilt.

Able war gefasst und nahm das Urteil ruhig und ohne Erregung hin. Girnghuber, welcher Begnadigung erwartet hatte, war sehr gebrochen. Beide erbaten die 24stündige Gnadenfrist. Speise und Trank nahmen beide mäßig zu sich. Den Able überkam öfters der sogenannte Galgenhumor. Als ihm das Armensündergewand angemessen wurde, meinte er: „Schau, jetzt krieg ich noch a neus Anzügerl auch!" Am letzten Tage sagte er zum Verwalter: „Wo werde ich wohl morgen um die Zeit sein?" Auf die Antwort: „beim Petrus", meinte er: „was werde ich denn tun müssen?" Der Verwalter meinte: „vielleicht Stiefel wichsen". Da sagte Able: „Das kann ich und mit der Zeit werde ich auch vielleicht vorrücken."

Geistlichen Zuspruch leisteten Koop. Elster und Fischer.

Gehilfen waren: Martin Kißlinger als I. und Josef Reichhart von Falkenstein als II.

10. Fall: Unrath Alfons

Verheiratet, Büttner von Fuchsstadt, 29 Jahre alt, hingerichtet am Mittwoch, den 16. Juni 1897, früh 6 Uhr, in Würzburg, wegen vorsätzlichen Mordes.

Der im Alter von 26 Jahren nach Amerika ausgewanderte Unrath kehrte Ende 1893 in seine

Heimat zurück und ehelichte am 22. Februar 1895 die Tochter des Schmiedes Mich. Reithwieser in Wohnfort[7], obwohl letzterer nicht einverstanden war und den Ausschluss der Gütergemeinschaft bewirkte. Deshalb steigerte sich die Feindschaft arg zwischen Schwiegervater und Schwiegersohn und dieser ging unter Hinterlassung seiner Ehefrau wieder nach Amerika, von wo er Ende 1896 wieder zurückkam.

Nachdem er sich in Aschaffenburg ein langes Messer, Pistole, Pulver und Blei gekauft hatte, kam er in der Nacht vom 16. November im Hause seiner Eltern in Fuchsstadt an, wohin auch sein Schwiegervater inzwischen verzogen war. Am 22. Februar gegen 9 Uhr abends schlich er sich, nachdem er sich bis dorthin im Hause seiner Eltern verborgen gehalten, zum Anwesen seines 60jährigen Schwiegervaters, welcher ihm auf sein Klopfen öffnete, der sofort aber angegriffen und mit dem Metzgermesser förmlich abgeschlachtet wurde, sodass der Tod sofort eintrat. Unrat selbst schnitt sich hierbei eine Arterie ab, die Blutspuren führten dann auch seine Entdeckung herbei.

Gefasst und ohne Erregung vernahm Unrath die Verkündigung, dass er nicht begnadigt sei. Von Speis und Trank machte er sehr wenig Gebrauch, verschmähte auch den Kaffee vor der Hinrichtung, rauchte aber eine Zigarre. Elegant und stramm war seine Haltung, keine Spur von Todesangst. 1m 85 cm groß und ein sehr hübscher Mann, schenkte er dem geistlichen Zuspruch anfangs wenig Gehör, beichtete und kommunizierte aber schließlich, erschrak sehr als ihm die Zeit der Vollstreckung als gekommen

---

[7] [Anmerkung: vermutlich Wonfurt]

angekündigt wurde und wurde beim Anschnallen fast ohnmächtig.

I. Staatsanwalt Bickel, Sekr. Opp., Gefängnisverwalter Grimm.

Gehilfen: Hinterdorfer und Kißlinger

11. Fall: Stadele Jakob

Ledig, Tapezierer von Barbing Kgl. BA Amberg, wegen Mordes an dem Gefangenenaufseher Johann Bindl, im Zuchthaus Au, in München hingerichtet.

Geboren am 18. Februar 1861 zu Regensburg genoss derselbe eine gute Volksschulbildung und erlernte das Tapezierhandwerk, kam aber, noch nicht 20 Jahre alt, in die Gesellschaft schlechter Dirnen; er ging nach München und gab sich hier mehr dem Louistum[8] als seinem Handwerk hin. Er erstach, ohne dass ihm der Streit etwas anging, am 13. März 1887 den Spengler Josef Riedl, wofür er vom Schwurgerichte 14 Jahre Zuchthaus bekam. Durch eine Meuterei im Zuchthause, woran er sich beteiligte, erhielt er neuerdings 4 Jahre hinzu. In letzter Zeit fertigte er sich hinter dem Rücken der Aufseher Hosenträger mit Verzierungen, welche ihm von dem Aufseher Bindl weggenommen wurden und wofür er den Bindl umbrachte. Am 14. Januar 1897, früh 5 Uhr, meldete er sich zum Beschwerderapport und Pfarrer, was ihm verweigert wurde. Bei der Morgensuppe schenkte er dieselbe weg. Bindl, der die Aufsicht hatte, ahnte nichts. Stadele schlich sich hin und ermordete ihn mit einer

---

[8] Louiswesen - Zuhälterei

Schusterkneip[9]. Er erbat sich die 24stündige Gnadenfrist. Während der letzten 2 Tage schlief er bloß eine Stunde, ließ sich jedoch Speise und Trank gut schmecken. Um 5 Uhr morgens, am 10. Juli, empfing er die Sterbesakramente und zeigte sehr große Reue. Punkt 7 Uhr zeigte ihm der Vollstreckungskommissär an, dass die Zeit der Vollstreckung gekommen sei, worauf er noch bat, nicht geführt zu werden. Er schritt standhaft zum Tische. Die Hinrichtung dauerte kaum 2 Minuten.

Zugegen waren: Staatsanwalt Höchtler, Landgerichtsarzt Dr. Müller, Hausarzt Dr. Gruber von Stadelheim, der Landgerichtssekretär, 12 Urkundspersonen und außerdem 50 - 60 Personen.

Gehilfen: Hinterdorfer Josef und Martin Kißlinger

Abb. 4: Jakob Stadele

---

[9] Schusterkneip bzw. Schusterkneif = Schuhmachermesser

12. Fall: Bawiedl Wolfgang Wolf

Ledig, Bauerssohn von Riegersgrün, geboren am 5. Febr. 1874, in Bayreuth hingerichtet wegen Vatermordes, am Sonntag, den 28. August 1897, früh 7.

Nach der Anklage hatte Bawiedl, am Abend des 28. März, seinen auf dem Heimwege begriffenen leiblichen Vater hinterrücks mit einem Knittel[10] niedergeschlagen, sowie 16 Messerstiche beigebracht und ihn dann mit einem spitzigen Stein bearbeitet. Als sich das Opfer nach einiger Zeit wieder erholte, schlug der Sohn seinen Vater abermals nieder und warf ihn dann in einen Wassergraben, wo er ertrank.

Der Mörder behauptete zuerst er sei in Notwehr gewesen und der Vater müsse später selber in den Graben gefallen sein. Schließlich jedoch gestand er die Tat ein.

Er erbat sich zuvor die vierundzwanzigstündige Gnadenfrist, nahm jedoch die Verkündigung gleichgültig auf, ließ sich während der 2 Tage Speise und Trank wohl schmecken, schlief des Nachts ganz gut, sprach aber fast gar nichts. Geistlichen Zuspruch spendete ihm prot. Herr Pfarrverweser Schleebach, dem er sehr zugänglich war.

Wie bei der Ankündigung so blieb er bei seinem letzten Gang zum Schafott kalt, ohne Zagen, und nahm einen förmlichen Stechschritt an. Bei den Stufen zum Schafott nahm er immer zwei auf einmal. Vom Gebet bis zum Falle des Messers währte es kaum ½ Minute.

---

[10] Knittel = Knüppel

Anwesend: I.   Staatsanwalt   Gummi,
Landgerichtsräte   Eismann   und   Bergmann,
Landgerichtsarzt Dr. Hes und Sekretär Schülein als
Amtspersonen, einige andere Beamte, mehrere Ärzte,
12 Urkundspersonen, Professor Mähner und 50
sonstige Personen, eine kleine Militärabteilung unter
dem Kommando des Prem. Ltnt. Sauter.
    Gehilfen: Hinterdorfer als I. und Martin Kißlinger
als II.

13. Fall: Nußstein Karl Anton

Ledig, Schuhmacher von Markt Redwitz, geboren
1871, hingerichtet am 20. November 1897 in
Straubing, wegen Raubmord und Kirchenraub.
    Dieser wurde am 23. Februar l. J. in Martinskirchen
durch Aufsprengen des Tabernakels verübt, woraus ein
Ziborium mit 30 Stück Hostien entnommen und der
Deckel im Werte von 160 M gestohlen, die Hostien
zerstreut und ein Zettel eingelegt wurde, worauf
geschrieben war: „Wo man singt, da laß dich nieder,
schlechte Menschen singen keine Lieder".
    Am 28. Februar d. gl. J. wurde der verheiratete Bauer
Markus   Nußbaumer   in   Hinterhaid,   Gemeinde
Lohbruck, während des Gottesdienstes ermordet und
beraubt.   Derselbe   wurde   mit   eingeschlagener
Hirnschale,   zusammengebundenen   Füßen   und
kopfüber im Wassergrand[11] im Stalle tot aufgefunden.
Sämtliche Kästen waren aufgesprengt und es fielen dem
Mörder ca. 300 M Bargeld, ein brauner Ledergeldbeutel
und ein Sparkassenbuch des Johann Nußbaumer, eines

---

[11] Wassergrand = Wassertrog

Sohnes des Ermordeten, zur Beute. Nußstein war wegen Kirchenraub schon früher vorbestraft und außerdem 30 Mal wegen anderer Reate[12]. Bei Nußbaumer hatte er vor der Tat schon 2 Mal übernachtet, war daher mit den örtlichen Verhältnissen und mit dem Hund sehr vertraut. Man fand bei ihm die Geldbörse und das Sparkassenbuch, welches er öfter an den Mann zu bringen versuchte, was ihm jedoch nicht gelang.

Er erbat sich die Gnadenfrist und spielte, wie im Leben, die Rolle eines Schauspielers, äußerte froh zu sein, wenn es vorbei sei, konnte jedoch die aus allen Zügen sprechende Todesangst nicht verbergen. Er benahm sich sonst gut, aß und trank nicht zu viel, ließ sich ruhig die Handschellen abnehmen, umkleiden und binden. Erst war sein Blick erhoben. Nach dem Verbinden der Augen schritt er festen Schrittes zur Guillotine.

Anwesend waren außer der Kommission 2 Tambours und sonstige kaum 50 Personen.

Gehilfen: I. Hinterdorfer und Kißlinger II.

14. Fall: Hoffmann Mathias

Hoffmann Mathias, 60 Jahre alt, verheiratet, Metzger aus Lohndorf, wegen Mordes am 10. März 1898 in Bayreuth hingerichtet, geboren am 13. Mai 1838 zu Lohndorf bei Bamberg.

Hoffmann, sowie dessen Ehefrau und ihre Stieftochter Margarethe Wagner, ermordeten auf scheußliche Weise den Ehemann der Letzteren, aus

---

[12] Reat = Straftat

Geiz und Habgier. Die Wagners waren erst ein Jahr verheiratet. Die beiden Hoffmann überfielen meuchlings ihren Schwiegersohn, um ihn mit einem Schlächtermesser zu ermorden. Wagner wollte sich, obschon verwundet, aus dem Fenster flüchten, wurde aber von seiner eigenen Frau zurückgestoßen und dem Messer des Vaters überliefert, welcher den bereits schwer verwundeten niederwarf, sich auf ihn kniete und ihn mit 6 Schnitten den Kopf total abschnitt, wobei die Frau die Beine und die Schwiegermutter den Kopf des Opfers festhielten.

Alle 3 wurden zum Tode verurteilt. Das Urteil indessen wurde nur gegen Mathias Hoffmann bestätigt, gegen die beiden Frauen jedoch in lebenslängliche Zuchthausstrafe umgewandelt. Am 8. März l. J. wurde dem Hoffmann in früher Morgenstunde die Entscheidung eröffnet. Er hatte immer noch auf Begnadigung gehofft und fing an fassungslos zu weinen. Er war ungemein geizig und bestellte sich als ihm eröffnet wurde, dass er sich nun Speisen und Getränke bestellen könne, unter der ausdrücklichen Bedingung, dass es ihn nichts kosten dürfte, ein paar Würstchen mit Kraut. Auch neuen Schnupftabak ließ er sich, in der Ausrede, dass es gar nicht notwendig sei, dass er vor seinem Tode noch um 5₰[13] Schnupftabak bekäme, er könne ihn doch nicht ganz schnupfen und sein Nachfolger möge sich selbst einen kaufen, nicht mehr reichen, sondern schnupfte den eingetrockneten.

---

[13] ₰ - altes deutsches Pfennigsymbol (denarius)

Die letzte Nacht schlief er gar nicht. Er musste zum Schafott mehr getragen als geführt werden.

Gehilfen: Hinterdorfer und Kißlinger

15. Fall: Geiger Rochus

Ledig, Gärtner, geboren zu Irrsee bei Frankenau, Gemeinde Rettenbach[14], außerehelich, katholisch, gestorben am 5. Mai 1898, früh 6 Uhr, im Untersuchungsgefängnis zu Augsburg, durchs Fallbeil, wegen Raubmordes.

Abb. 5: Geiger Rochus

Geiger Rochus begab sich am 26. November 1897 in den Adlerwirts-Keller zu Kaufbeuren schon in der Absicht, die 53 Jahre alte, schwer leidende Frau Genovefa Osterrieder zu ermorden. Er trank 2

---

[14] [Anmerkung: Rettenbach im Ostallgäu]

Flaschen Bier und als sie ihm eine dritte nicht verabreichte, schlug er sie zu Boden, zerrte sie vom Gastzimmer in die Küche und schnitt ihr dort den Hals mit mehreren Messerschnitten bis auf die Wirbelsäule durch.

Geiger gestand bei der am 16. März l. J. stattgefundenen Verhandlung die Tat: Geraubt hatte er derselben im Ganzen 145 M, gelbgoldene Uhr mit Kette und goldenen Ring mit rotem Stein. Geiger, der schon öfter wegen Diebstahl, Körperverletzung und dergleichen vorbestraft und auf Grund dessen auch schon vom Heere, wo er bei den Jägern diente, ausgestoßen wurde, wurde am 16. März 1898 vom Schwurgericht Augsburg zum Tode und dauerndem Ehrverlust[15] verurteilt. Nachdem unterm 30. April l. J. das Urteil durch den Prinzregenten bestätigt worden war, wurde ihm durch den I. Staatsanwalt Federkil das Urteil verkündigt.

Die weitere 24stündige Gnadenfrist nahm Geiger an, verhielt sich jedoch gleichgültig und gelassen. Zwei Tage vor der Verkündigung sagte er zum Verwalter: „Ich hatte heute Nacht einen fürchterlichen Traum, für mich ist in München entschieden." Geistlichem Zuspruch war er sehr zugänglich. Diesen leisteten ihm Herr Dompfarrer Häslinger und Domkaplan Högl. Speise und Trank ließ er sich sehr wohl schmecken, trank täglich 2 Maß Bier und rauchte in größter

---

[15] Der Ehrverlust war eine Strafe im deutschen Strafrecht, sie bewirkte sowohl den Verlust von öffentlichen Ämtern, Ehren, Titel, Orden, etc. als auch den Verlust des aktiven und passiven Wahlrechts.

Gemütsruhe eine Zigarre. Die letzte Nacht schlief er von 12 – 4 Uhr, wo er geweckt werden musste.

Während der Hinrichtung, welche von der Zelle mit Toilette machen, Verlesen, etc. bis zum Fallen des Beiles, kaum 4 Min. in Anspruch nahm, war er sehr gefasst, betete bis zum Fallen des Beiles, sodass er bei dem Worte „Jesus" vom Schwert überrascht wurde.

Anwesend: außer der Gerichtskommission 4 Geistliche und 200 andere Personen, Eyrainer, Redakt. aus München vom Generalanzeiger.

Als Gehilfen tätig: I. Hinterdorfer und als II. Gehilfe M. Kißlinger

16. Fall: Wegele Jakob

Ledig, Dienstknecht von Ambach, 32 Jahre alt, gestorben am 5. Mai 1898, früh 6 ½ Uhr, im Untersuchungsgefängnis zu Augsburg, wegen Lustmordes.

Wegele, 20 Mal bestraft, unter diesen 6 Mal wegen schweren Diebstahls, weshalb er, obwohl noch landwehrpflichtig, als waffenunwürdig vom Heere ausgestoßen wurde, war ein schlanker, hübscher, schwarzer Bursche. Zuletzt in Niederschönenfeld bei Rain, bei dem Gastwirte Grob im Dienste.

Am 22. August hatte sich Wegele mit seinem Mädchen zur Tanzmusik bestellt, unterwegs dorthin um ½ 5 Uhr nachmittags begegnete er der am 4. Oktober 1886 geborenen Gütlerstochter Maria Koch von Staudheim, die ihrem Vater das Essen trug. Unweit der von Rain nach Neuburg führenden Eisenbahn, etwa 600 Schritte westlich von Staudheim, zerrte er sie in den Straßengraben und als er sie so nicht gebrauchen konnte, durchbohrte er mit dem Finger die Geschlechtsteile und da sie vor Schmerzen schrie, verhielt er ihr den Mund, fuhr ihr mit seinem noch dazu schlechten Schnappmesser um die Geschlechtsteile und schnitt sie bis an die Brust auf und riss ihr die Gedärme pp[16] heraus, worauf er ihr zum Schlusse den Hals abschnitt. Ein weißes Taschentuch nahm er der Koch ab und machte es, als er bei der Tanzmusik mit seinem Mädchen zusammentraf, diesem zum Präsente, selbe beanstandete aber die darin befindlichen Blutflecken, was auch zur Entdeckung führte. Dieses Tuch hatte, wie sich in der Verhandlung ergab, der Vater des gemordeten Mädchens, als er noch ledig war, von einer seiner Geliebten erhalten und das Mädchen hatte es gerade an dem verhängnisvollen Tage dabei, zu welchem Zwecke ist unbekannt.

Wegele leugnete anfangs, gestand es aber schließlich zu und wurde am 5. März 1898 vom Schwurgerichte Augsburg zum Tode verurteilt. Nach der Verkündigung der Bestätigung war Wegele sehr gebrochen und er erbat sich die 24stündige Gnadenfrist. Geistlichem Zuspruch war er sehr zugetan und leisteten Professor Visler und Pater Angelus, Kapuziner. Speise und Trank als Kaffee und Gugelhupf, Rindfleisch Braten und Salat schmeckten ihm gut, er rauchte eine Zigarre mit Behagen und trank täglich 2 Liter Bier.

Auf seinem letzten Gange, sowie bei der nochmaligen Urteilsverlesung zitterte er fürchterlich und konnte kaum mehr aufrecht stehen, vom Beten war keine Rede mehr. Meine Gehilfen mussten ihn stark stützen. Zeitdauer des ganzen Aktes kaum 3 ½ Minuten. Anwesend die gleichen Personen wie vor und die gleichen Gehilfen.

---

[16] perge, perge = lat., und so fort

17. Fall: Wammetsberger Josef

Ledig, Dienstknecht von Forstenried bei München, geboren am 10. Februar 1868, gestorben am Samstag, den 4. Juni 1898, früh 7 Uhr, in Stadelheim, wegen Lustmord.

Wammetsberger, vorher noch unbestraft, sehr fleißig, hatte sich 2000 M erspart, trat am 2. Februar 1897 auf dem Klosterhofe Dietramszell in Dienst und machte der neben ihm dienenden, ledigen Dienstmagd Maria Zech fortwährend Liebesanträge, die jedoch zurückgewiesen wurden, da Zech selbst ins Kloster treten wollte. Dem Wammetsberger wurde auf Beschwerde hin die Entlassung angedroht. Nun verfolgte er die Zech, welche 19 Jahre alt und ein ordentliches, braves Mädchen war.

Am 31. Oktober 1897 sollte Wammetsberger mit den übrigen Dienstboten in die Kirche gehen, kehrte jedoch um, stieg in den Hof, überfiel und schändete die Zech, worauf er sie erwürgte und am Stiegengeländer mit einem sog. Aderlaßstrick aufhängte, um nicht aufzukommen. Noch als Leiche schändete er sie mit einem sog. Tannenzapfen. Hierauf begab er sich eiligst nach Holzkirchen in die Kirche und von da ins Gasthaus. Bei seiner Rückkehr wurde er verhaftet.

Am 22. Februar 1898 zum Tode verurteilt, wurde das vom Verteidiger Dr. v. Pannwitz eingereichte Gnadengesuch nicht genehmigt. Ruhig, gefasst, ohne die geringste Erregung nahm er die Verkündigung entgegen, verweigerte aber seine Unterschrift. Essen und Trinken ließ er sich in Stadelheim sehr wohl schmecken und rauchte 3 Zigarren. Als Herr Verwalter sagte, er solle fest essen und trinken, damit er Kraft bekomme, meinte er lachend: „Da wird man Kraft brauchen, wegen der Geschichte scheiß ich nicht in die Hosen, sie hats aushalten müssen und ich halts auch aus". Zuerst geistlichem Zuspruch nicht zugänglich, beichtete er am 2. Tage und empfing am Morgen der Hinrichtung die Hl. Kommunion sehr reuig. Er schlief sehr ruhig und musste um 4 Uhr geweckt werden.

Ein Zittern oder eine Erregung war während der ganzen Prozedur nicht bemerkbar, er betete sehr andächtig. Die Hinrichtung, welche H. Staatsanwalt Müller leitete, dauerte kaum 3 Minuten.

Im Ganzen waren ca. 70 Personen anwesend, darunter Red. Eyrainer. Als Gehilfen Hinterdorfer und Kißlinger

18. Fall: Krug Konrad

Metzger, geboren am 26. Juni 1856 zu Gösmes bei Stadtsteinach in Oberfranken, in Augsburg, durchs Fallbeil, am 30. Juli, 6 ¼ Uhr, wegen Lustmordes hingerichtet.

Krug hatte schon im 13. Lebensjahre eine 2 ½ jährige Gefängnisstrafe wegen Diebstahls zu verbüßen. Im Ganzen verbüßte Krug zusammen 7 Jahre Gefängnis und 21 Jahre Zuchthaus[17] und hätte im Dezember h. J. die Freiheit erlangt.

Er wurde im März 1897, da er simulierte, zur Beobachtung in das Kaisheimer Zuchthausspital verbracht, woselbst sich auch der Sträfling Thomas Graf, Metzger von Wildeppenried befand, der sich seinen sinnlichen Gelüsten nicht fügen wollte, weshalb er ihn mit dem Kübeldeckel erschlug und dann aufhängte. Am 21. Mai d. J. vom Schwurgericht

---

[17] Das Zuchthaus war die schwerste Form der Haftstrafe, sie umfasste einen strafverschärfenden Arrest und eine Arbeitspflicht; sie galt als entehrend.

Augsburg zum Tode verurteilt, wurde dem Krug, da eine Begnadigung nicht erfolgte, am Donnerstag, den 28. Juli d. J., die Verkündigung gemacht, welche er gefasst aufnahm und äußerte: „Ich bin froh, dass ich sterben kann". Er unterschrieb ruhig sein Todesurteil, erbat sich jedoch die Gnadenfrist, um sich auf den Tod vorzubereiten. Essen und Trinken und täglich 2 Zigarren ließ er sich wohl schmecken. Dem Verwalter gegenüber prahlte er: „Einen solchen wie mich werden Sie noch nicht gehabt haben, ich mache meinen Landsleuten keine Schande."

Geistlichen Zuspruch leisteten ihm Kapuzinerpater Archangelus und Domkaplan Högel. Während der 2 Tage beichtete er 2 Mal und kommunizierte ebenso oft, hielt auch den Festtag.

Als er zur Hinrichtung vorgeführt den Hofraum betrat, begrüßte er die anwesenden Herren indem er sich verneigte: „Guten Morgen meine Herren, guten Morgen Herr Staatsanwalt." Nach dem Verlesen des Urteils betete er noch ein andächtiges Vaterunser und schritt dann, nach Verbinden der Augen und Fesselung, festen Schrittes zum Schafott. Die ganze Prozedur dauerte kaum 1 ½ Minuten.

Anwesend waren außer den Berufenen noch 15 Personen.

Gehilfen: Hinterdorfer und Kißlinger

19. Fall: Egger Alois

Verheiratet, Zementarbeiter von Mietenkam, Gemeinde Grassau, Bzk. Traunstein, gestorben zu Stadelheim (München), am 22. März 1899, früh 7 Uhr, mittels Fallbeil, wegen Raubmord an der ledigen 18 Jahre alten Maria Bosch, Zimmermannstochter von Grassau.

Egger brachte dem Mädchen 14 fürchterliche Stichwunden am Hals und 3 Schnitte an den Händen bei, raubte sodann eine Geldbörse mit 50 M, eine Schachtel, 3 Frauenhüte, mehrere Pfund Schweinefleisch, einen Regenschirm, ein rotes Album, ein Anhängetäschchen und ein paar Handschuhe, und da die Bosch noch Lebenszeichen gab, schleppte er sie bis zur Achen und warf sie hinein, wo sie ertrank.

Egger leugnete immer, wurde aber, da die geraubten Gegenstände bei ihm vorgefunden und durch Zeugen überführt, am 8. Oktober 1898 vom Kgl. Landgericht München I zum Tode und dauernden Ehrenverlust verurteilt und durch Seine Kgl. Hoheit, dem Prinzregenten, am 15. März 1899 bestätigt. Am 20. l. Mts., früh 7 Uhr, wurde ihm, von der 24stündigen Gnadenfrist Gebrauch gemacht, von der allerhöchsten Entschließung eröffnet. Er bat noch um geistlichen Zuspruch, welchen ihm Pater Sylvester spendete. Er starb sehr reuig und gefasst. Der ganze Hinrichtungsakt dauerte 2 Minuten.

Anwesend waren der Herr I. Staatsanwalt Müller, dessen Sekretär, 12 Zeugen und 60 Personen, darunter mehrere Offiziere und Reporter mit Karten.

Als Gehilfen funktionierten: Josef Hinterdorfer I. und Martin Kißlinger II.

Hiermit war das Schicksal dieses Menschen beendet.

20. und 21. Fall (Doppelhinrichtung): Höfling Wolfgang und Schaller Christian

Wolfgang Höfling, verw. Schreiner von Fürth, 39 Jahre und der 37 Jahre alte verw. Schaller Christian von Fürth, beide starben am Mittwoch, den 8. Mai 1901, früh 6 Uhr, im Hofe des K.

Untersuchungsgefängnisses zu Nürnberg, durchs Fallbeil, wegen gemeinschaftlichem Mord.

Im Jahre 1888 heiratete Höfling seine Frau; der Ehe entsprangen 7 Kinder, von denen 5 am Leben sind. Bis zum Tode seiner Frau am 26. Oktober 1899 nährte sich der Mann redlich durch Arbeit. Von da ab ergab er sich dem Trunke und mit dem Verfall ließ er sich mit mehreren verworfenen Frauenpersonen ein und wurde zum Verbrecher an seinem eigenen Fleisch und Blut: An seiner 15jährigen Tochter beging er in einer scheußlichen Weise Blutschande.

Nach dem Tod seiner Frau nahm er seine Schwiegermutter, die Frau Marg. Schelter, Drexlerswitwe von Fürth, zu sich. Die alte Frau erhielt wöchentlich 4 M Krankenunterstützung und 12 M Krankengeld. Dieses Geld hatte Höfling mit dem bei ihm wohnenden und mitangeklagten Schaller gemeinschaftlich vertrunken. Da alles nicht mehr reichte beschlossen beide gemeinsam, nach Verabredung und Überlegung, in der Nacht vom 20. auf 21. Januar 1900, morgens zwischen 3 und 3 ½ Uhr die Schelter im Hause Nr. 65, Erlangerstraße in Fürth, zu ermorden, indem Schaller ihr ein Kissen und ein Unterbett über das Gesicht warf und sich mit dem Oberkörper fest auf die Bettstücke legte, während Höfling die Füße festhielt bis sie tot war. Die alte Frau hat noch einige Hilferufe von sich gegeben, was die Tochter und einen Knaben weckte und schließlich zur Anzeige führte.

Für die Beihilfe an dem Mord versprach Höfling dem Schaller eine neue Montur. Die Tat vollführte Höfling, weil er an 400 M Kranken- und Sterbegeld kam. Nach dem Tode der Schelter holte Schaller Schnaps und Bier und es wurde bei Gesang und Klang bis zur Berauschung Leichentrunk gehalten, was dazu führte, dass sich am Begräbnistage Höfling, sowie seine

15jährige Tochter, sowie Schaller und dessen Geliebte, sich derart aufführten, dass ihnen eine Ordnungsstrafe zuerkannt wurde.

Am 4. Dezember 1900 wurde nun durch die 15jährige Tochter Marg. Höfling Anzeige erstattet. Höfling wurde verhaftet. Er gestand in seinem Umfange zu. Schaller flüchtete, wurde aber einen Tag später in Georgensgmünd verhaftet und gestand ebenfalls die Tat zu. Und nun wurden beide unterm 13. – 14. Febr. 1901 vom fränkischen Schwurgerichte zu Nürnberg zum Tode und Ehrenverlust auf Lebensdauer, Höfling außerdem zu 3 Jahren Zuchthaus verurteilt.

Da durch seine Kgl. Hoheit, Prinz Luitpold, Königreich Bayerns Verweser, keine Begnadigung stattfand, so wurde beiden am 6. Mai 1901 die allerhöchste Entschließung eröffnet. Beide nahmen die Eröffnung ziemlich gefasst entgegen und erbaten sich die weitere 24stündige Gnadenfrist. Beide waren ruhig und baten um geistlichen Zuspruch, welcher ihnen – Höfling durch H. Stadtvikar Wenglein und Schaller durch Herrn Pfarrer am Zellengefängnis Herrn Brunner – gewährt wurde. Beide waren protestantisch.

Höfling ließ sich Essen und Trinken wohl schmecken, während Schaller nicht mehr viel Appetit zeigte. Beide hörten sitzend an einem weiß gedeckten Tisch, auf dem ein Kruzifix stand, mit dem gewöhnlichen Sterbekleid angetan, die nochmalige Verlesung des Urteils durch den Kgl. Landgerichtssekretär Herr Goller, ruhig, ohne eine Wimper zu zucken, an. Nach einem kurzen Gebet, Binden der Hände und Verbinden der Augen, Anschnallen an die Maschine und Fallen des Beiles, hatte zuerst Höfling seine Untat gebüßt. Desgleichen vollführte sich von der Zelle bis zum Anschnallen an die Maschine (nach vorangegangener Reinigung des

Beiles und Maschine) bei Schaller, der aber dann fürchterlich zu seufzen und zu zittern begann. Doch ebenso schnell wie I. hatte auch II. sein Verbrechen gesühnt.

Einschließlich bis zum Fallen des Beiles, von der Zelle und Ansprache des Herrn Pfarrer Brunner, in der er hervorhob, dass beide Hingerichteten reumütig gestorben, nahmen die beiden Hinrichtungen kaum 20 Minuten in Anspruch. Die beiden Leichen, nebst dem von beiden aufgefangenen Blut, wurden nach Erlangen in die Anatomie überführt.

Anwesend waren der I. Staatsanwalt Tauchert, Sekretär Goller, Räte von Löwenich und Pillipp, Landgerichtsarzt Bürgel, 12 Zeugen und 60 Personen mit Karten.

Als Gehilfen waren tätig: I. Josef Hinterdorfer, II. Martin Kißlinger

22. Fall: Bauer Johann

Lediger Schlosser von Münchsmünster, geboren am 15. September 1875, gestorben am Samstag, den 11. Mai 1901 zu Augsburg, durch das Fallbeil, wegen Vatermord.

In der Verhandlung vom 15. Februar 1901 wird konstatiert, dass die Verhältnisse in der Bauerischen Familie höchst unerquicklich waren und es zwischen Vater und Sohn öfters zu Streit und Rauferei kam, wo immer der 60 Jahre alte Vater dem kräftigen Sohn unterlag. Doch hatte der Vater den Sohn durch Reklamation vom Militär befreit. Es wird auch ein blutschänderisches Verhältnis zwischen Bruder und Schwester, sowie zwischen Vater und Tochter konstatiert.

Der eigentliche Grund zum Mord war, dass nach dem Tode der Mutter im Jahre 1898, der Sohn bloß

1300 M bekam und der Vater sich mit Heiratsgedanken umging. Am 12. November 1899 hatten Vater und Sohn wieder Streit, worauf der junge Bauer die Kühe anspannte, Schaufel und Pickel auflegte und auf einen entlegenen Acker fuhr. Als er nach Hause kam sagte er zur Schwester: „So, jetzt habe ich's Loch gemacht, wenn er wieder etwas anfängt, erschlag ich ihn." Da kam der Vater nach Hause, er war berauscht, ging in die Werkstätte, sein Sohn folgte ihm und erschlug ihn mit einer Eisenstange, schob dann den Wagen gegen die Werkstätte, warf ihn hinauf und lud den Mist darauf und fuhr ihn zu dem vorbereiteten Loch auf dem Acker und verscharrte ihn; flüchtete aber nach einiger Zeit, da er sich nicht mehr sicher fühlte nach Amerika, wo er dann auf Anzeige seiner dortigen Hausfrau wieder herausgeschafft wurde.

In oben genannter Schwurgerichtsverhandlung zu Augsburg wurde er zum Tode verurteilt. Und da durch Seine Kgl. Hoheit, dem Prinzregenten, keine Begnadigung stattfand, so wurde ihm am 9. Mai 1901 die allerhöchste Entschließung eröffnet. Er war darauf gefasst und erbat sich die weitere 24stündige Gnadenfrist und geistlichen Zuspruch, welchen ihm Domkaplan Bresele und Kapuzinerpater Archangelus Schwinghammer leisteten. Er beichtete und gestand alles reumütig. Bauer aß und trank und schlief nur sehr wenig.

Beim Herausführen von der Zelle nahm Bauer vom Verwalter und Aufseher unter Tränen Abschied und sagte für alles „vergelts Gott". Bauer zeigte beim Verlesen des Urteils, sowie auf seinem letzten Gang, eine furchtbare Todesangst und musste von den Gehilfen stark unterstützt werden. Beim Anschnallen an die Maschine bekam er einen fermen Schüttelfrost und jammerte herzhaft und wollte zusammensinken.

Der ganze Hinrichtungsakt dauerte kaum eine dreiviertel Minute.

Vollzugskommissär war der I. Staatsanwalt Bilabel, außerdem waren anwesend die Räte Berghofer und Schäller, II. Staatsanwalt Dr. Leeb und Agelmann, Hr. Landgerichtsarzt Dr. Utz, Bauamtmann Schmidt und Landgerichtssekretär Bächel. Außerdem 12 Urkundspersonen (Bürger) und 40 andere Herren mit Karten. Die Leiche wurde zuerst in das Krankenhaus gebracht, zum Sezieren und dann erst in die Anatomie nach München überführt.

Als Gehilfen waren tätig: I. Josef Hinterdorfer, II. Martin Kißlinger

23. Fall: Braun Joseph

Verheiratet, von seiner Frau getrennt, Taglöhner von Aufhausen bei Regensburg, gestorben zu Straubing, den 3. Juli 1901, früh 6 Uhr, mittels Fallbeil, wegen Raubmord.

Braun Joseph hatte am Samstag, den 10. November vorigen Jahres, während die Wirtseheleute Math. und Philomena Lanzinger von Wippstetten bei Vilsbiburg zur Mission nach Gerzen gegangen, seine Schwägerin, die ledige 59 Jahre alte Anna Blieninger von Pendling[18], welche zu Besuch da war, durch zwei Stiche in den Nacken ermordet. Braun raubte sodann ein schönes Jagdgewehr, Karte, Rucksack und 340 M Bargeld, mehrere Herren- und eine Damenuhr, 1 silbernen Ring usw. Am 14. November 1900 wurde Braun in Arnstorf verhaftet. Man fand vieles was vom Raub herrührte, er

---

[18] [Anmerkung: vermutlich Pentling bei Regensburg]

aber wollte sich an nichts erinnern, stellte sich geisteskrank, gab lange keine Antwort und wurde dann in der Irrenanstalt beobachtet und für gesund befunden.

Braun hatte Vorstrafen wegen Diebstahl, Raub, Körperverletzung usw., wofür er schon 10 Jahre in Kaisheim verbüßt hatte. Da nun alle Zeugen gegen ihn waren, so wurde Braun trotz Leugnen am 23. Mai 1901 vom Schwurgericht in Straubing zum Tod und Ehrenverlust verurteilt. Da von Sr. Kgl. Hoheit, dem Prinzregenten, keine Gnade erfolgte, so wurde ihm am 1. Juli 1901 die allerhöchste Entschließung kundgetan, was er ohne ein Wort zu sprechen kopfnickend entgegennahm. Er nahm die weitere 24stündige Gnadenfrist ebenso kopfnickend an.

Während der letzten 48 Stunden aß und trank er nach Herzenslust. Geistlichen Zuspruch leisteten Stadtpfarrkooperatoren Fischer und Fenzl, Braun gestand jedoch seine Tat nicht zu. Am liebsten sprach er in seinen letzten Stunden von Pferderennen.

Auf seinem letzten Gang war Braun sehr angegriffen. Kgl. Sekretär Mayer verlas den Urteilsspruch. Braun betete dann mit dem Geistlichen ein Vaterunser mit fester Stimme. Nach Verbinden der Augen und Hände auf dem Rücken zur Guillotine geführt, wo er immer fest mitbetete. Rasch angeschnallt, eingeschoben und nach wenigen Sekunden hatte er seine Tat gesühnt.

Anwesend waren: I. Staatsanwalt Bürgel, Rat Schmidt und Reil, Landgerichtsarzt Egger außerdem einige Offiziere und Gerichtsherren und 50 Personen als Zuschauer und die 12 üblichen Zeugen.

Als Gehilfen I. J. Hinterdorfer als II. M. Kißlinger

24. Fall: Nowiki Andreas

Ledig, Arbeiter, geboren am 25. November 1880 zu Neu Demantschewo[19] in Posen, gestorben zu Würzburg, am 13. Dezember 1901, durchs Fallbeil, wegen Raubmord.

A. Nowiki war am 25. November 1880 zu Neu Demantschewo in Posen, als außereheliches Kind geboren, brachte die ersten 6 Jahre bei seinen Großeltern zu, kam dann zu seiner Mutter, die ihm eine strenge Erziehung angedeihen ließ. Trotzdem aber geriet Nowiki auf die schiefe Bahn, sodass er schon nach kurzer Zeit auf Grund seines regen Lebenswandels in ein Arbeitshaus übergeführt werden musste, wo er den festen Entschluss fasste, eine völlige Änderung in seinem Dasein eintreten zu lassen.

Er plante ein schreckliches Verbrechen, das er auch bald darauf zur Ausführung brachte. Es war am 4. Juni 1901, als er mit seinem Kumpan, einem wegen Begünstigung zu 2 Jahren Gefängnis verurteilten Fabrikarbeiter namens Joh. Wittmer aus Diedersfeld, von Frankfurt aus aufgebracht, mit festem Entschluss den nächstbesten, vermutlich reichen Menschen zu ermorden und auszurauben, um sich das zu einem schönen Leben nötige Geld zu verschaffen. Mit dieser Absicht war er auch nach Aschaffenburg gekommen, wo er nach langer, reichlicher Überlegung endlich die wohlhabende Assessorswitwe Theres Hesler zur Ausübung seiner schrecklichen Tat auserwählt hatte.

---

[19] Neu Demantschewo ist der deutsche Name von Nowe Dymaczewo

Nachdem sich Nowiki über die Lokalverhältnisse genau informiert hatte, trat er an das Haus und als Frau Hesler ihm auf sein Läuten die Türe öffnete, stieß er der ahnungslosen Frau 4 Mal den scharfgeschliffenen Dolch in die Brust. Diese verschied alsbald in den Armen der auf ihre Hilferufe herbeigeeilten Hausbewohner, während Nowiki schleunigst in ein nahes Wäldchen flüchtete, wo er dann festgenommen werden konnte.

Während der Untersuchungshaft legt Nowiki ein äußerst freches Benehmen an den Tag. So geriet er eines Tages in Zorn, weil er in seiner Zelle bleiben musste, sodass er alles zusammenschlug, worauf seine Fesselung nur mit Hilfe einer Feuerspritze gelang. Als man ihm das Todesurteil verkündete sprach er mit höhnischem Lächeln: „Meine Herren, sie haben mir meinen Wunsch erfüllt, ich danke ihnen." Nachdem sein Begnadigungsgesuch sowohl vom Reichsgericht als auch vom Prinzregenten abgelehnt wurde, bat Nowiki um die 24stündige Gnadenfrist und änderte sein Benehmen. Er wurde reumütig und war für geistlichen Zuspruch sehr empfänglich. Nachdem er mehrmals gebeichtet und kommuniziert hatte, erfolgte am 13. Dezember 1901, früh ¾ 8 Uhr, im Hofe des Kgl. Landgerichtsgefängnis zu Würzburg, seine Hinrichtung. Anwesend waren 41 Zuschauer, 12 Zeugen, Herr I. Staatsanwalt Zahn nebst Sekretär und Landgerichtsprofessor Dr. Rumpf.

Als Gehilfen: I. J. Hinterdorfer, II. M. Kißlinger

Abb. 6: Noviki Andreas

25. Fall: Kneißl Mathias

Mörder und Räuber, lediger Schreiner, geboren am 12.V.1875, ungefähr 15 km von Dachau, in der sog. Schachenmühle bei Sulzemoos, gestorben zu Augsburg, Freitag, den 21. Februar 1902.

Vor allem dürfte es am Platze sein, die unheimliche Familienchronik der Kneißelschen Eheleute zu erwähnen: Der Vater ein Verbrecher, der in einem Räubermilieu zu Grunde ging. Der eine Sohn, ein Individuum, in dem die ganze Verworfenheit steckte, die dieses Milieu beherrschte, bereit zu entsetzlichen Taten. Der andere, ebenfalls ein Verbrecher von Jugend auf. Die Mutter gleichgültig oder behilflich am Verderblichen, der Vater ein Räuberhauptmann von schrecklichem Rufe und alles was mit diesen in Berührung stand; ein Volk von Verworfenen.

Alle älteren Leute sind sich der Schreckenstage von den Jahren 1860 – 1870 wohl bewusst, die über die Schrobenhausener und Dachauer Gegend ein gewalttätiger, ruchloser Räuber Pascolini, hereingebracht hatte, dessen Name ebenso Entsetzen und Furcht hervorrief wie der seiner intimen Freunde Gänswürger und Gump. Unsere Jugend kennt diese Namen und man erzählt ihr davon mit der Chronik der Schreckenstage. Und nun ist ein neuer Name dazugekommen, dessen Nennung uns wiederum ein unerhörtes Kapitel von Brutalität erzählt: Mathias Kneißl.

Sein Vater, der ungefähr vor 9 Jahren starb, besaß die Schachenmühle bei Sulzemoos, in der Nähe von Dachau. Selbstverständlich hatten die Sicherheitsorgane schon längst ihr Augenmerk nach jener Gegend gerichtet, zumal da Wilddiebereien, auch Räubereien in Anzahl, in diesem Revier an der Tagesordnung standen. Vor ungefähr einem Jahrzehnt wurde in Friedberg eine Wallfahrtskirche ausgeplündert und die Recherchen hatten mit Sicherheit den alten Math. Kneißl von der Schachenmühle als Täter ergeben und dessen Frau Therese. Eine Schwester Pascolinis stand in dieser Beziehung und wegen einer Reihe anderer Vorkommnisse, stark in Verdacht der Mitwisserschaft und Hehlerei. Hausuntersuchungen hatten keinen Erfolg, da das Ehepaar jeweilig mit ihren halberwachsenen Söhnen ausgeflogen war.

Eines Tages gelang es aber die Leute zu überrumpeln. Man fand die beiden Söhne anscheinend schlafend und ahnungslos, während der Vater über den Mühlbach flüchtete, indes am anderen Ufer von einem Posten mit dem Bajonette bedrängt wurde. Kneißl sprang nun ins Wasser, wurde aber aufgefischt und ins Gefängnis transportiert, wo er bald verstarb, woran weiß man nicht. Die Kneißl Söhne traten nun des Vaters Erbe an, noch schulpflichtige Burschen in denen jedoch die Lust zum Ungesetzlichen reif und unhemmbar geworden war. Mit Gewehren bewaffnet wanderten sie mit einem 18jährigen Knecht durch die

Bezirke Bruck und Friedberg und schossen unter den Augen der Leute Schafe und Kälber zusammen, trieben die Hirten mit Prügeln und schrien und johlten: „Wir sind echte Pascolini!" Die Polizei war den beiden ständig auf den Fersen. Wegen Wildfrevel, wegen Raub und einer kolossalen Anzahl von Delikten, deren Ursprung die Rohheit ist, waren sie bereits 1891 vor dem Landgericht gestanden, ganz grüne Burschen, denen das Gesetz nicht in seiner vollen Strenge gegenübertreten konnte.

Nicht ganz 2 Jahre hernach unternahm Math. Kneißl mit seinem Bruder Alois, der ihm nun zur Gesellschaft geblieben war, während Joseph noch hinter den Mauern weilte, einen Einbruchsdiebstahl verwegenster Art in Imkofen[20], wobei die beiden Jagdgewehre als ganz besonders willkommene Beute mitnahmen. Verwegener gingen Sie nun auf den Wildfrevel aus, bis schließlich ein blutiges Rencontere[21] mit Jägern die beiden ins Gefängnis brachte. Math. Kneißl auf 5 Jahre (I. Mordversuch!). Die Art und Weise, wie man damals der Kneißlbuben habhaft geworden, war vorbedeutend für die blutige Tat von Irchenbrunn. Die Gendarmen waren in die Mühle eingedrungen und hatten in den Unterräumen vergebens nach den beiden gesucht. Als sie dann die Stiege zum Dachboden emporkamen, wo die Burschen sich verborgen hielten, erkrachten plötzlich zwei Schüsse und die Gendarmen brachen blutüberströmt zusammen.

---

[20] [Anmerkung: vermutlich Inkofen]
[21] Rencontere = Gefecht (frz.)

Am 28.II.1899 wurde dann Math. Kneißl wieder auf freien Fuß gesetzt, ein 23jähriger Mensch mit elenden Erinnerungen an ein verfehltes Leben und an eine entsetzliche Familiengeschichte, der wilde Unmensch, dem kein gutes Familienverhältnis den Weg zur Tüchtigkeit gezeigt, an dem kein Lehrer hatte gutmachen können, was der Familie gefehlt hatte und der zur ehrlichen Arbeit nie die Hand angelegt, war in der Strenge des Strafgewahrsams nacherzogen worden, mit einem zweifelhaften Erfolg. Manchmal schien es, als sei jener verrohte Achtzehnjährige nach 5jähriger Buße ein besserer geworden. Er hatte ein Handwerk erlernen müssen, die Schreinerei, und sollte nun darum nicht mehr ziellos in die Freiheit treten wie in früherer Zeit. Tatsächlich trat nun Math. Kneißl auch in Arbeit und war bis Mitte des vergangenen Jahres in einer Weise tätig, die dem Verlorenen der menschlichen Gesellschaft zugeführt zu haben schien. Zum Herbstbeginn begann jedoch wieder die Rückkehr zum Verbrechen. Alle guten Vorsätze waren wieder zunichtegeworden.

Math. Kneißl traf mit einem ehemaligen Strafanstaltsgenossen, dem Tapezierer Holzleitner, zusammen und eine müßige Stunde gab den beiden einen Plan zum Verbrechen. Es wurde nämlich am 23. Oktober zu Oberbirnbach das Anwesen der Bauerseheleute Scheuerer von den beiden heimgesucht, während der Bauer mit seinem Gesinde bei der Feldarbeit war. Die hilflose Bäuerin wurde nun von Kneißl festgehalten und mit einem scharfgeladenen Revolver bedroht, bis sie in verzweifelter Angst keinen Laut mehr von sich gab und eine regelrechte Beraubung des Anwesens erfolgen konnte. Nach der Tat flüchteten beide, sie kamen nach Schweinbach, wo sie erkannt wurden. Nur ihre beispiellose Verwegenheit verhinderte damals ihre Ergreifung. Als die Bauern auf die beiden eindrangen und dann die Fliehenden verfolgten, feuerten diese Schüsse auf ihre Verfolger ab. Math. Kneißl war nun wieder was er dereinst gewesen, ein Verlorener. Der erste neue Schritt zum Verbrecher hatte deren mehrere bedingt.

Dem Raub von Oberbirnbach folgte der Einbruchsversuch in Paar, wobei Kneißl den ihn verfolgenden Gütlerssohn Seitz durch einen Schuss mit dem Drilling schwer am linken Knie verwundete. Es folgte die grauenhafte Tat der letzten Novembernacht des Jahres 1901, der in Irchenbrunn der Stationskommandant Brandmeier und der Gendarm Scheidler zum Opfer fielen und die hier noch näher erwähnt werden soll. Am Freitag, den 30. November, abends 8 Uhr, kam Kneißl nach dem etwa 1 Stunde südlich von Altomünster gelegenen Irchenbrunn, wo er bei dem ihm von früher her bekannten Flecklbauer Math. Rieger anklopfte. Da die Bäuerin ihm sagte, dass ihr Mann im Wirtshaus sei, wartete Kneißl dessen Rückkunft ab. Einer Einladung des heimgekehrten Rieger ins Wirtshaus folgte Kneißl nicht, sondern beauftragte den Bauern, nochmals zurückzugehen und Essen und Trinken zu holen. Der Bauer tat wie ihm geheißen, sagte aber dabei einem Burschen, er solle zur Gendarmerie nach Altomünster gehen mit der Botschaft, dass der gefürchtete und gesuchte Kneißl in seinem Hause sei. Der Kommandant Brandmeier machte sich dann auch sofort mit den Gendarmen Scheidler und sechs handfesten Burschen auf den Weg. Kneißl hatte jedoch bereits Lunte gerochen, er war vorsichtig, aß nur mit einer Hand, während er die andere an seinem Drilling hatte. Das angebotene Nachtlager lehnte er ab, er wollte vielmals ½ 12 Uhr nachts sich wieder entfernen, als es ans Fenster klopfte. Das waren die Gendarmen. Kneißl löschte sofort das Licht aus und platzierte sich schussbereit in der Küche.

Der, die Türe öffnende, mit einer brennenden Laterne ein günstiges Schussobjekt darbietende, Kommandant Brandmeier fiel dann auch sofort einem tödlichen Schusse aus Kneißels Drilling zum Opfer. Gendarm Scheidler feuerte hierauf, ohne zu treffen, während er selbst einen Schuss in den Unterschenkel bekam, der ihn aktionsunfähig machte und seinen Tod am 19. Dezember früh herbeiführte. Die handfesten Burschen hatten schon beim ersten Schuss Reißaus genommen. Nun suchte Kneißl das Weite und wusste sich der Nachstellungen der Polizei bis zum Morgen des 5. März 1901 zu entziehen. Am 6. Dezember abends 9 Uhr wurde ein Sattlergehilfe auf der Landstraße westlich von Maisach von 2 Burschen angefallen, seiner Barschaft von 25 M beraubt und mit Erschießen bedroht, wenn er einen Laut von sich gäbe. Anfang März 1901 bekam die Gendarmerie Gewissheit, dass Kneißl sich in der Gegend von Nanhofen aufhalte. Doch gelang es erst mit Hilfe der Wäscherin Lorenz und der 16jährigen Rosa Danner und des Taglöhner Vöst, dem Gesuchten habhaft zu werden und zwar in dem Auerbach'schen Anwesen in Geisenhofen. 1000 Schüsse wurden auf das Anwesen abgefeuert innerhalb einer Stunde und dabei Kneißl am Unterleib schwer, ferner an Arm und Hand und Handgelenk leicht verwundet. Kneißl wurde sodann in die chirurgische Klinik nach München verbracht. Die Operation an der Bauchwunde war lebensgefährlich, sie bedingte eine Öffnung der Bauchhöhle, sowie die Vernähung zweier schwerer und einer leichten Darmwunde. Kneißl, der wochenlang zwischen Leben und Tod infolge seiner Verwundung schwebte, konnte nach mehrwöchentlicher ärztlicher Behandlung als vollkommen gesund aus dem Krankenhause entlassen werden, wurde dann nach Augsburg ausgeliefert, wo er sich seiner Verbrechen vor der irdischen Gerechtigkeit zu verantworten hatte.

Am 3. Tage der Verhandlung war die Beweisaufnahme geschlossen und es wurden den Geschworenen 18 Fragen vorgelegt, die sich folgendermaßen zusammensetzten[22]:

1. Raub in Oberbirnbach

2. Totschlagsversuch in Oberschweinbach

3. Totschlagsversuch bei Ronhofen

4. Totschlagsversuch in Paar eventl.

5. Vorsätzliche Körperverletzung eventl.

6. Fahrlässige Körperverletzung

7. Mord an Brandmeier eventuell

8. Totschlag eventl.

9. Körperverletzung mit Todesfolge eventl.

10. Fahrlässige Tötung,

11. mit 15 Beihilfe zum Mord des Rieger

16. Mord an Scheidler eventl.

17. Totschlag ev.

18. Körperverletzung mit Todesfolge eventl.

---

[22] [Anmerkung: es bleibt ungeklärt, weshalb die Nummerierung nicht fortlaufend erfolgte]

19. Fahrlässige Tötung

20. mit 24 Beihilfe zum Mord bei Brandmeier

25. Raub zwischen Aufkirchen und Maisach

26. Räuberische Erpressung in Langenzettenbach[23]

Die Geschworenen einigten sich nach langer Überlegung und es lautete das Urteil folgendermaßen: Kneißl wird wegen Ermordung des Gendarmen Brandmeier zum Tode, wegen Körperverletzung mit nachgefolgtem Tode im Falle Scheidler und wegen der übrigen Reate zu 15 Jahren Zuchthaus und Ehrenverlust auf Lebensdauer verurteilt. Der mitangeklagte Flecklbauer Rieger wurde freigesprochen. Kneißls Revisionsgesuch betreff Wiederaufnahme des Prozesses wurde vom Reichsgericht, ebenso wie sein Begnadigungsgesuch von Seite des Prinzregenten, verworfen.

Kneißl, der von der 24stündigen Gnadenfrist Gebrauch machte, war in seinen letzten Stunden reuevoll und äußerst standhaft. Bei Verkündigung von seiner (letzten) bevorstehenden Hinrichtung war er momentan etwas befangen, kehrte aber sehr bald wieder zu seinem ursprünglichen Humor zurück, war lustig und ließ sich Essen und Trinken gut schmecken. Die Nacht vor seiner Hinrichtung brachte er sehr ruhig zu und schlief sogar bis 3 Stunden vor seinem Tode, seinem letzten Gange. Am Morgen des 21. Februar verlangte er selbst noch die Hl. Kommunion und wohnte einer heiligen Messe mit Andacht bei. Auf

---

[23] [Anmerkung: vermutlich Langenhettenbach]

seinem letzten Gang war er sehr tapfer, schaute sich mit prüfenden Augen nach dem anwesenden Publikum und der Guillotine um, die ihm durch einen schwarzen Vorhang verdeckt war, und ging dann, ohne im Geringsten zu Zittern, an dieselbe ebenso schneidig wie bisher und drehte den Kopf während des Anschnallens nach links und rechts, um nach unten von der Linde schauend etwas zu sehen. Beim Einschieben des Brettes sprach er: „Jesus dir lebe ich, dir sterbe ich", was dann durch das Fallen des Messers unterbrochen wurde. Der ganze Hinrichtungsakt dauerte 1 Minute 20 Sekunden.

Der Gerechtigkeit war genüge geleistet!!

Als Vollstreckungsbeamte waren anwesend: I. Staatsanwalt Bilabel nebst Sekretär, außerdem Landgerichtsarzt Dr. Ulz, einige Herren vom Gerichte, 12 Urkundspersonen und 12 Zuschauer mit Karten.

Gehilfen: J. Hinterdorfer, M. Kißlinger

26. Fall: Bader Georg

Bürgermeister- und Ökonomssohn von Mohrenhausen, geboren am 29. Dezember 75, gestorben am 30. April 1902, morgens 6 ¼ Uhr, zu Augsburg, durch Hinrichtung mittels des Fallschwertes, wegen Vatermordes und Brandstiftung. Derselbe war beschuldigt am 17.XII. seinen Vater, den Bürgermeister Franz Bader, ermordet und hierauf, um die Spuren seiner Tat zu verwischen, das Anwesen desselben angezündet zu haben, sodass dasselbe bis auf den Grund niederbrannte.

Georg Bader war ein rothaariger Bursche, mittlerer Figur mit rotem Schnurrbart, er diente beim 4.

Chevauxlegers[24] Regiment in Ulm und Augsburg. Beim Militär hatte Bader immer das meiste Geld im Regiment und war von jeher der Stolz seines Vaters. Nach seiner Dienstzeit lernte Bader zu Hause ein Mädchen namens Sus. Graf kennen, welcher er falsche Vorspiegelungen machte betreffs Heiratsversprechungen und Erlangung von 20.000 Mark Geldes von seinem Vater etc. Infolge seines verschwenderischen Lebenswandels, Schuldenmachens etc. kam er mit seinem Vater sehr oft in Streit. Dieses wiederholte sich öfter und am 27. Dezember erreichte seine Rachsucht den Höhepunkt, wobei er seinem Vater in der Scheune auflauerte und ihn bei seinem Eintritte mit einer Axt erschlug. Um die Spuren der Tat zu verwischen legte er das ganze Anwesen in Brand, welches in geraumer Zeit bis auf den Grund niederbrannte. Bemerkenswert ist, dass bei dem Brande der ganze Leib des Bader vollständig verkohlte, während der Kopf unversehrt blieb.

Die Tat lenkte sich sofort auf den Sohn des Georg Bader, welcher auch anderen Tags verhaftet wurde. Er leugnete anfangs, das Verbrechen begangen zu haben, gab es aber nach tatsächlichen Überführungen von Beweisen nachher zu. Nach mehrtägiger Verhandlung wurde er vom Schwurgericht zu Augsburg, am 10. März 1902, zur Todesstrafe und 4 Jahren Zuchthaus und Aberkennung der Ehrenrechte auf Lebensdauer verurteilt. Da seitens des Prinzregenten keine Begnadigung erfolgte, wurde Bader am 29. April 02 von der Vollstreckung des Urteils in Kenntnis gesetzt und

----

[24] Chevauxlegers (auch Chevaulegers) waren eine Gattung der Kavallerie.

selbiger bat um die alsbaldige Vollziehung des Todesaktes. Von Speise und Trank machte Bader sehr mäßigen Gebrauch. Geistlichen Zuspruch, welchem er sehr zugetan war, leisteten ihm Kapuzinerpater Archangelus und Domkaplan Ströberle. Auch sein Ortspfarrer besuchte ihn noch am Vorabend, welchem er noch eine reuige Beichte ablegte; er kommunizierte noch um 5 Uhr morgens vor der Hinrichtung.

Als Vollstreckungsbeamte waren anwesend: I. Staatsanwalt Bilabel nebst Sekretär, außerdem Landgerichtsarzt Dr. Ulz, einige Herren vom Gerichte, 12 Urkundspersonen und 12 Zuschauer mit Karten. Punkt 6 ¼ Uhr wurde der Delinquent vorgeführt, wo ihm das Urteil nochmals vorgelesen wurde. Noch ein kurzes Gebet, sodann wurden ihm die Augen verbunden und die Hände auf den Rücken gefesselt, er wurde auf das Schafott geführt, rasch angeschnallt, unter das Fallbeil geschoben, währenddessen er immer laut betete bis das Messer fiel. Der ganze Hinrichtungsakt dauerte 1 Minute 26 Sekunden.

Gehilfen: J. Hinterdorfer, M. Kißlinger

Geschrieben v. K. Grünwald

27. Fall: Rupprecht Josef

Rupprecht Josef, 40 Jahre alt, ledig, Tagelöhner von Kager bei Kolmberg bei Cham, gestorben am 26. März 1903, früh 7 Uhr, wegen Verbrechen des Mordes, zu Amberg.

Rupprecht, der viel vorbestraft war, traf am 22. November 1902 mit dem gleichfalls auf der Wanderschaft befindlichen Johann Kröner von Forchheim zusammen. Am nächsten Tag kamen sie nach Schwend bei Sulzbach i. O., wo sie bei Gütler Georg Scharrer Arbeit im Kleinschlagen von Drehlagersteinen bekamen. Der erste Tag ging gut, am zweiten Tag gab es dadurch, weil Rupprecht den Kröner übervorteilt hatte, einen kleinen Wortwechsel. Während Kröner auf seinen Steinhaufen arbeitend saß, ging Rupprecht um ihn herum und versetzte ihm plötzlich mit einem 6 ℔[25] schweren Steinschlegel einen Hieb, und als er in den Straßengraben rollte und noch zuckte, schlug er ihn noch mit aller Wucht auf die rechte Schläfe, sodass der Schädel mittenentzwei sprang. Seine Rohheit [zeigte sich auch] bei der Einlieferung, sowie bei der Verhandlung, wo er mehrmals den Staatsanwalt mit den Worten unterbrach: „Geh! Laßt's mir doch mit dem G'schmarre meine Ruhe!"

J. Rupprecht wurde nun am 19. Januar 1903 wegen Mordes zum Tode verurteilt. Da von seiner Kgl. Hoheit Prinz Luitpold keine Begnadigung stattfand, so wurde ihm am 5. des Mts. durch den Kgl. I. Staatsanwalt das vollstreckbare Urteil eröffnet. J. Rupprecht verwies am Nachmittag unter Gotteslästerungen, da ihm der Geistliche ans Herz legte, dass J. Christus sich für uns kreuzigen ließ, sagte er „der war dumm genug, ich wäre nicht so dumm", jeden geistlichen Zuspruch zurück. Er aß, trank, scherzte und lachte und sagte, vor dem Tode habe er keine Angst. Jedoch abends 9 Uhr verlangte er selbst um den Geistlichen, beichtete und kommunizierte um 5 Uhr morgens. Punkt 7 Uhr verkündete ihm der I. Herr Staatsanwalt, dass die Zeit der Vollstreckung gekommen, rasch war Toilette gemacht. Er wollte allein zum Schafott gehen und den

---

[25] ℔ - altes deutsches Pfundsymbol (libra)

Beistand des Nachrichtergehilfen ablehnen, was ihm natürlich nicht gestattet werden konnte. Bei der nochmaligen Verlesung des Urteils bekam er ein heftiges Zittern. – Ein Vater Unser – die Exekution begann – und dann, in einigen Sekunden, war sein Verbrechen gesühnt.

Vollzugskommissär Kgl. I. Staatsanwalt Knauer, Kgl. Landgerichtsarzt Dr. Meier, Landgerichtssekretär Rau und sonstige Personen, Militär, Gendarmerie und Civil ungefähr 50 Mann.

Gehilfen: J. Hinterdorfer, M. Kißlinger

28. und 29. Fall (Doppelhinrichtung von Vater und Sohn): Bradl Karl und Bradl Max

I. Bradl Karl, verheiratet, Sattlermeister und Hausbesitzer in Viechtach im Bayerischen Wald, geboren am 15. März 1843. II. Bradl Max, dessen Sohn, ledig, Schneider, geboren am 12. Oktober 1880 dortselbst, beide katholisch, gestorben am 15. Mai 1903, früh 6 ½ Uhr, im Untersuchungsgefängnis in Straubing, wegen gemeinschaftlichen Mordes und Raubes, verübt an dem Geschäftsreisenden David Bermann von Gunzenhausen.

Letzterer avisierte Bradl, dass er etwa in 14 Tagen ihn besuchen werde. Vor der Ankunft Bermanns nun verabredeten sich Vater und Sohn zum gemeinschaftlichen Morde an Bermann. Am 18. November 1902 kam nun Bermann in die Wohnung zu Bradl, um daselbst für sein Haus 200 Mark für geliefertes Leder einzukassieren. Dortselbst wurde Bermann von den beiden Bradl in meuchlerischer

Weise überfallen und getötet, in dem dieselben ihrem Opfer eine Schlinge um den Hals warfen, zu Boden rissen und mittels Erdrosseln töteten. Nach der Tat warfen die Mörder ihr Opfer unter die Bank und gingen zum Mittagessen. Nach diesem steckten sie den Leichnam in einen Futterkorb und bedeckten ihn mit Stroh und Seegras und verbrachten ihn, mittels eines mit zwei Kühen bespannten Wagens, in den etwa 6 - 7 Minuten entfernt stehenden Stadel. Während dieser Fahrt saß der Sohn Max auf dem Korbe, in welchem Bermann verborgen lag. Abends bei eingetretener Dunkelheit versuchten die Mörder den ermordeten Bermann in einen Sack zu verpacken. Da dies aber nicht recht ging, trugen sie denselben an Kopfe und Füßen haltend zu dem unweit befindlichen Regen-Fluss und warfen ihn in denselben. Eine in dem Hause der Mörder wohnende Zeugin namens Theres Artmann, welche aber Schlimmes ahnte, brachte die Sache auf und es erfolgte auf deren Aussagen hin die Verhaftung der Familie Bradl, nämlich des alten Bradl, dessen Sohn Max, Josef und die Mutter derselben. Die Untersuchung führte zu dem Resultate, dass Bradl Karl und Bradl Max wegen gemeinschaftlichen Mordes an Bermann, insbesondere auf ihr eigenes Geständnis hin, überführt wurden und in der Schwurgerichtsverhandlung zu Straubing, am 12. März 1903, zum Tode und lebenslänglichen Ehrenverlust verurteilt wurden. Die übrigen wurden freigesprochen.

Die zum Tode verurteilten Bradl nahmen das Todesurteil ziemlich gleichgültig entgegen. Sie zeigten eine angenommene Ruhe bis die Verkündung des von seiner Kgl. Hoheit, dem Prinzregenten, bestätigten Todesurteil erfolgte. Zwar wollte der junge Bradl den ihm angebotenen geistlichen Zuspruch für sein Seelenheil abweisen, ging aber auf das Zureden seiner besuchenden Mutter hin in sich und legte eine vollkommene Reue über seine vollbrachte Tat ab. Sein Vater hat den geistlichen Zuspruch nicht abgeschlagen. Dieselben machten von der Gnadenfrist Gebrauch und taten sich noch vor ihrem herannahenden Lebensende mit Speisen, als wie Braten und verschiedenes sehr gut, rauchten Zigarren und traten, unter den üblichen Zeremonien, ihren letzten Gang zum Schafott gefasst, reumütig und in sich gekehrt, an. Zuerst erfolgte die Hinrichtung des jungen Bradl um 6 ½ Uhr, dann die seines Vaters etwa sieben Minuten später. Der ganze Hinrichtungsakt betrug ungefähr 14 Minuten.

Bei dem Hinrichtungsakte waren zugegen:

1. I. Staatsanwalt Bürgel
2. Landgerichtsarzt Spies und Seidlmeier
3. Sekretär Maier
4. Landgerichtsarzt Dr. Egger
5. Die zwölf Zeugen, sowie

sechzehn Personen mit Karten, sowie zwölf Gendarmen und vier Leichenträger.

Als Nachrichtergehilfen fungierten: Hinterdorfer Josef und Kißlinger Martin und Nachrichter Reichhart.

Abb. 7: Bradl Karl *Abb. 8: Bradl Max*

Abb. 9: Bermann David

30. Fall: Stadi Jacob

Verheiratet, Spengler von Heiligenhausen[26] bei Regensburg, geboren 1868, hingerichtet am 13. April 1904 im Untersuchungsgefängnis zu Amberg, wegen Lustmord an einem 5jährigen Knaben.

Stadi, ein mehrfach wegen Raubes vorbestraftes Subjekt, dabei jedes Mal mit Messer und Revolver ausgerüstet und aufs Morden vorbereitet, hat an 5 Kindern unter 14 Jahren ein Sittlichkeitsverbrechen und an dem 5jährigen Knaben Josef Riebel einen Lustmord begangen. Diesen Knaben einer armen Witwe lockte er in Abwesenheit seiner Frau in sein Zimmer und benützte den After desselben zur Befriedigung seiner Wollust. Alsdann hängte er den blutenden und weinenden Knaben an Stricken mit ausgebreiteten Armen auf, schnitt ihn vorne vom Hals bis zum After bei lebendigem Leibe auf, schnitt dann Herz, Leber und Nieren ganz korrekt heraus, sowie auch die Geschlechtsteile. Diese Körperteile bereitete er sich zu und aß sie auf, in der abergläubischen Meinung, dass er sich dadurch unsichtbar machen könne und ihm jedes Frauenzimmer zu Willen sein müsse. Erst am dritten Tage nach dem Morde fand er Gelegenheit, die einstweilen auf dem Speicher versteckte Leiche in den nahen Wald zu schleppen und oberflächlich in der Streu zu vergraben.

Vom Schwurgerichte Amberg am 8. März 1904 zum Tode und 2 Jahren Zuchthaus verurteilt, wurde ihm am 11. April 1904 eröffnet, dass er nicht begnadigt und binnen 24 Stunden hingerichtet werde. Der Verbrecher

---

[26] [Anmerkung: vermutlich Heilinghausen]

nahm das Urteil gefasst entgegen und bat um die weitere 24stündige Gnadenfrist. Im Essen und Trinken mäßig, beichtete er am Abend vor der Hinrichtung, aß dann einen Kalbsbraten und trank 3 Glas Bier und unterhielt sich mit den Schutzleuten. Morgens 5 Uhr kommunizierte er und betete mit dem Geistlichen. Punkt 6 ½ Uhr betrat er wankenden Schrittes den Richtplatz, mit ausgebreiteten Armen betend. Nachdem die übliche Verlesung des Urteils beendet war, dauerte es noch 50 Sekunden und der schändliche Mörder war unschädlich gemacht. Dem Akte wohnten bei:

I. Staatsanwalt Knauer, Landgerichtsräte Dietz und Bauer, Landgerichtsrat Dr. Mayer, Sekretär Gögelein, Verteidiger Rechtsanwalt Leitl und 12 Bürger als Zeugen, 12 Mann Militär mit 2 Tambour, 4 Gendarmen und 4 Zuschauer.

Als Gehilfen waren tätig: I. Josef Hinterholzer, Dienstmann in München, II. Martin Kißlinger, Ökonom in Altfraunhofen

Abb. 10: Stadl Jacob

31. Fall: Roseher Gutstav

Ledig, Metallpolierer, protestantisch, Werkmeisterssohn von Nürnberg, geboren am 17. November 1873, gestorben am 7. Mai 1904 zu Nürnberg, durch das Fallbeil wegen Raubmord.

Roseher war bereits 15 Mal vorbestraft, darunter vom Schwurgericht Ravensburg mit 7 Jahren 4 Monate Zuchthaus wegen Totschlags und Diebstahl. Am 12. April 1903 vom Zuchthaus zu Ludwigsburg entlassen, begab er sich mit dem 18jährigen Tapezierer Böckler auf Wanderschaft. Da ihnen die Geschenke zu mager ausfielen und sie mehr Geld auftreiben wollten, machte Böckler den Vorschlag, seine Großtante und Erziehungsmutter, die Strumpfwirkerswitwe und Obsthändlerin Christina Reichert, in Dinkelsbühl zu töten und auszurauben. Weil Böckler in Dinkelsbühl bekannt war, übernahm Roseher die Ausführung des Planes, wozu ihm Böckler viel Glück wünschte.

Am 19. November 1903 kam Roseher nach Dinkelsbühl und ging mehrmals am Hause vorüber, um sich zu orientieren. Am nächsten Tage, morgens 11 Uhr, ging Roseher in den Laden der Witwe Reichert, traf aber nicht diese an, sondern deren ledige Schwester Liesette Mader, welche er sofort derart drosselte, dass sie in 15 Minuten eine Leiche war. Roseher raubte alsdann den Laden und einen versperrten Schrank aus und erbeutete 428 Mark, wovon er dem Böckler auf dem Bahnhof zu Dinkelsbühl 91 Mark aushändigte. Noch am gleichen Tage wurden die beiden Menschen am Bahnhof zu Nördlingen verhaftet und dieselben gestanden nach kurzem Leiden die Tat ein. Am 20. Januar 1904 verurteilte das Schwurgericht zu Nürnberg den 18jährigen Anstifter Böckler zur höchstzulässigen Strafe von 15 Jahren Gefängnis und Roseher zum Tode. Da die nachgesuchte Begnadigung nicht gewährt wurde, machte Roseher von der 24stündigen Gnadenfrist Gebrauch, ließ sich Essen und Trinken wohl schmecken und war geistlichem Zuspruch sehr zugänglich. Roseher nahm von seinen Aufsehern Abschied, betrat festen Schrittes das Podium und hörte ruhig die Verlesung des Urteils und den geistlichen Segen an. Roseher reichte selbst die Hände zur Fesselung und ging unerschrocken auf die Guillotine zu. Der ganze Akt bis zum Fallen des Beiles dauerte kaum 2 Minuten.

Anwesend waren: II. Staatsanwalt Pohner in Vertretung, Sekretär Trantmann, prot. Pfarrer Popp, der Landgerichtsarzt und andere, im Ganzen etwa 50 Personen.

Als Gehilfen:

I. Josef Hinterholzer, Dienstmann in München

II. Martin Kißlinger, Ökonom in Altfraunhofen

32. Fall: Steindl Franz Xaver

Lediger Metzger, katholisch, geboren am 10. April 1878 zu Neufahrn, Amtsgericht Landshut, Gütlerssohn[27], gestorben am 25. Januar 1905, früh 7 ½ Uhr, in Straubing, durch das Fallbeil. Steindl hatte am 19. September vorig. Jahres den Bauern Vinzenz Diglhuber[28] von Thonhausen zwischen

---

[27] „Gütler bewirtschafteten (…) ein Gütl (…), dessen Feldwirtschaft gewöhnlich von 2 Ochsen betrieben wurde, oft aber gleichbedeutend mit Söldner (…)" [Quelle: R. Riepl, Wörterbuch zur Familien- und Heimatforschung in Bayern und Österreich, 3. Auflage, Seite 175]

[28] [Anmerkung: war einmal als „Diglhuber" und einmal als „Liglhuber" angegeben.

Mainburg und Moosburg auf offener Straße überfallen, indem er sich auf das Fuhrwerk des Bauern schwang und einen Revolver gegen ihn abschoss und auch noch mehrere Messerstiche beibrachte, sodass sogar die Messerklinge abgebrochen ist; wodurch der Überfallene so schwer verletzt wurde, dass er anderen Tags starb. Diglhuber konnte noch Angaben machen, die zur Ermittlung des Täters führten, der die Barschaft des Überfallenen, im Betrage von 2126 M, an sich genommen hatte und wurde dann in Altdorf bei Landshut verhaftet. Die beiden waren im Wirtshause beisammen gewesen wo p[29] Steindl die Einnahmen des Bauern beobachtet hatte.

Steindl benahm sich heute, den 25. Januar 1905, in Straubing bei der vorgenommenen Hinrichtung auf seinem letzten Gang sehr gefasst, obwohl bleich bis in die Lippen und sichtlich gebrochen, hielt er sich dennoch aufrecht. Am 4. Dezember 1904 wurde der 26jährige Metzger Steindl von Neufahrn vom Schwurgerichte Straubing zum Tod verurteilt und am 23. Januar 1905 das Todesurteil von Seiner Königlichen Hoheit, dem Prinzregenten, bestätigt. Den geistlichen Zuspruch leistete Herr Kooperator Obell, der ihn auf dem letzten schweren Gange begleitete. Der ganze Hinrichtungsakt dauerte von der Zelle bis zum Fallbeile nur 7 Minuten.

Anwesend waren: der Vollstreckungskommissär Herr I. Staatsanwalt Bürgel, Sekretär Mayer, Landgerichtsarzt Dr. Egger, dann 12 Urkundspersonen, 2 Vertreter der Presse und 6 Personen mit Karten, sowie die nötige Schützwachschaft.

---

[29] p = vorbenannter

Als Gehilfen waren tätig und zwar:

Josef Hinterdorfer als I., Dienstmann in München, dann Martin Kißlinger als II., Ökonom in Altfrauenhausen.

Gefertigt: München, den 27. Januar 1905, F. Xaver Reichhart, K. Nachrichter.

Straubing, 26. Januar. (Letzter Brief eines zum Tode Verurteilten.) Der Raubmörder Metzger Steindl, der zum Tode verurteilt und gestern Früh hingerichtet wurde, hat am letzten Abend seines Lebens noch nachstehenden Brief an seine Eltern und Geschwister geschrieben: „Meine lieben tiefbetrübten Eltern! In meinen letzten Abendstunden, in denen ich mich ganz wohl befinde, da ich meinen Sündenberg von mir abgewälzt habe und deshalb jetzt in der Lage bin, meinem Schicksal leicht, und wenn ich mich so ausdrücken darf, mit Freuden entgegentreten kann und in der Hoffnung bin, doch für die Ewigkeit nicht verloren zu sein. Auch habe ich heute von unserm Herrn Pfarrer Bauriedl einen wunderschönen Brief erhalten, welcher mich sehr rührte und erfreute und wofür ich ihm meinen besten Dank ausspreche, wenn Ihr mir es bei nächster Gelegenheit ausrichten wollt.

Auch will ich Euch nochmals um Verzeihung bitten, indem ich Dich, lieber Vater, vor drei Wochen so leichtfertig fortgeschickt und Dir damit wieder neuen Kummer gemacht habe, was mich jetzt bitter reut, daß ich gegen Euch so hart und gleichgiltig gewesen bin. Auch bin ich sehr erfreut und dankbar für meine gute und letzte Behandlung und für die so trostreichen Worte von den Herren Gendarmen und Aufsehern, die mich bewachten und die nur trachteten, mich auf einen guten Weg zu führen.

Liebe Eltern! Daß Ihr mich in Eure Gebete einschließt, das habe ich offenbar vor Augen und kümmere mich auch nicht, daß Ihr mich vergessen werdet, obwohl ich Euch so große Schmach zugefügt habe. Meine lieben Eltern! Es ist jetzt ungefähr 10 Uhr Abends und ich will nun den letzten Schlaf riskieren und wenn es im Falle nicht geht, dann habe ich die Aussicht, morgen gewiß zu schlafen und sanft zu ruhen im Jenseits.

Noch eins muß ich in Erwähnung bringen, nämlich daß ich einsehe, daß ich meinem letzten Beichtvater großen Dank schuldig bin und auch meinen besten Dank ausspreche für seine Wohltaten, die er mir verliehen hat. Ich beschließe jetzt mein Schreiben in der Hoffnung auf ein glückliches Wiedersehen in der Ewigkeit; auch wünsche ich Euch noch recht viele glückliche Lebensjahre auf dieser Welt. Nochmals, meine lieben Eltern und lieben Geschwister, möchte ich bitten, daß Ihr Euch doch nicht mehr so kränken tut, denn ich habe jetzt meine Sachen so gut als ich sie machen konnte, recht gemacht, denn Ihr habt daran niemals eine Schuld, sondern die Schuld habe ich, und muß sie auch mit dem Tode büßen, was ich auch gerne tue. Also meine lieben Eltern seid nochmals alle recht herzlich gegrüßt von Eurem tiefgefallenen Sohn

Xaver Steindl.

Adieu! Lebt wohl auf dieser Erde, bis auf ein Wiedersehen in der Ewigkeit.“

Abb. 11: Abschiedsbrief des Franz Xaver Steindl

33. Fall: Allramseder Albert

Schneider von Altötting, verheiratet, katholisch, geboren im Jahre 1873, gestorben am 27. Februar 1905, früh 7 Uhr, durch das Fallbeil.

Nach Polizeibericht aus Ebersberg, vom 26. Februar 1904, wird gemeldet, dass unzweifelhaft am gleichen Tage ein Raubmord stattgefunden hat. Geraubt wurde außer Bargeld noch 2 Remontoir[30] Uhren, alter Schmuck mit Granatsteinen, ferner 2 Sparkassenbücher zu je 1000 M vom 12. und 21. November 1902, Nr. 3980 und 3896. Wie der Berichterstatter mitteilt, fällt der Verdacht auf einen Händler namens A., der die Frau Glas am Donnerstag besuchte und das Anwesen, sowie die Felder besichtigte; er blieb sogar an diesem und am nächsten Tage im Häuschen wohnen, wo er den Raubmord an der Ökonomswitwe Glas und ihrem Stiefsohn Franz Schmitt in Ebersberg ausführte. Am 11. März 1904 wurde der Schneider Albert Allramseder von Altötting in Wörth a. D. verhaftet und in das Untersuchungsgefängnis eingeliefert. In der Voruntersuchung leugnet p Allramseder der Mörder zu sein, gestand aber zu, dass er im Februar 1904 wegen Ankauf eines Anwesens mit den Agenten Merk von München in Unterhandlung trat. Die Verhandlung am Schwurgericht München fand vom 20. bis 22. Oktober 1904 statt. Der Angeklagte war mit einem grauen Havelock[31] bekleidet, den er bei der ihm zur Last gelegten Bluttat getragen hat.

---

[30] Remontoiruhr = Remontoiruhr ist eine Taschenuhr mit Kronenaufzug
[31] Havelock = ärmelloser Herrenmantel im 19. und frühen 20. Jahrhundert

Allramseder sitzt mit tief erblasstem Gesicht auf der Anklagebank, seine Blicke auf das vor dem Richterpodium stehende kleine Tischchen gerichtet. Auf demselben liegen die zwei Totenschädel der Erschlagenen, das Beil mit dem sie getötet worden sind, ein rotes Tuch, zwei Hüte und mehrere andere Gegenstände. Die Anklage lautet auf zweifachen Raubmord. Wie bereits erwähnt, leugnete Allramseder im Laufe der Untersuchung, er behauptete, zeitweise an Bewusstseinsstörungen zu leiden, wenn ihm die Tat nachgewiesen werde, könne er nur in einem solchen Anfalle von Bewusstlosigkeit gehandelt haben. Die Angaben des Angeklagten beim heutigen Verhör stehen mit den früheren vielfach in Widerspruch. Die als Zeugin geladene Ehefrau des Allramseder machte von dem Rechte der Zeugnisverweigerung Gebrauch. Sie verlässt mit tief gesenktem Kopfe, ohne ihren Mann anzusehen, den Sitzungssaal. Eine Reihe von Zeugen bekundet, dass die Frau des Allramseder sich eines guten Rufes erfreute, ihr Mann dagegen nicht. Die Frau Glas und ihr ermordetes Enkelkind werden allgemein als brav und friedliebend geschildert.

Am 22. Oktober 1904 bejahten die Geschworenen nach kurzer Beratung die zwei auf Raubmord gerichteten Fragen. Wegen zweier Verbrechen des Raubmordes wurde Allramseder zweimal zur Todesstrafe, sowie zum dauernden Verluste der bürgerlichen Ehrenrechte verurteilt. Gleichgültig nahm Allramseder das Urteil entgegen. Der Verurteilte hat trotz des am 22. Oktober 1904 gefällten Urteils eine Wiederaufnahme des Verfahrens beantragt, wurde aber vom Obersten Landgericht zurückgewiesen, alsdann ließ er durch seinen Verteidiger an allerhöchster Stelle ein Gnadengesuch einreichen. Das vom Verteidiger eingereichte Gnadengesuch wurde von Seiner Königlichen Hoheit, dem Prinzregenten, abschlägig verbeschieden und am Montag, den 13. Februar 1905, früh 7 Uhr, der allerhöchste Willensakt durch die Vollstreckungskommission eröffnet. Allramseder machte von der Vergünstigung der 24stündigen Gnadenfrist Gebrauch. Die Verkündigung der Vollstreckung des Todesurteils nahm Allramseder ziemlich gefasst entgegen, doch bei seiner Ankunft im Delinquenten-Zimmer brach er vollständig zusammen, in dem er bis zur letzten Stunde mit aller Bestimmtheit auf Begnadigung gehofft hatte und legte auch bis dahin kein Geständnis ab.

Die Kapuzinerpater Jacobus und Canisius sind die geistlichen Beistände des Raubmörders, der jetzt seine Tat zu bereuen scheint und seinen Gefühlen oft in heftigen Schmerz und Tränenausbrüchen Luft macht. Von der Vergünstigung, Speisen und Getränke nach eigener Auswahl zu sich zu nehmen, machte Allramseder bisher nur in ganz beschränktem Maße Gebrauch. Zu der Hinrichtung wird nur eine beschränkte Anzahl von Personen zugelassen. Die Kommission war im Hofe des Vollstreckungsgefängnisses zu Stadelheim, Mittwoch den 15., de jure[32] früh 7 Uhr, beisammen.

Eine Hinrichtung sistiert am 15. Februar 1905. Die Hinrichtung sollte heute früh 7 Uhr stattfinden. Statt des Delinquenten erschien gegen 7 ¼ Uhr der Vollzugsbeamte, der Kgl. Erste Staatsanwalt Aschenbrenner, auf dem Gerüste und verkündete der lautlos harrenden Menge, dass das Todesurteil wegen eines heute Nacht von Allramseder eingereichten Gesuches um Wiederaufnahme des Verfahrens auf

---

[32] de jure = nach geltendem Recht

Grund eines Gerichtsbeschlusses sistiert werde. Seiner Königlichen Hoheit, dem Prinzregenten, wurde von der Sistierung des Todesurteils heute früh alsbald nach der Berichterstattung des Ersten Staatsanwalt an das Justizministerium durch Oberregierungsrat Schäfer Mitteilung gemacht. Allramseder hatte gestern Abend persönlich sein Gesuch um Wiederaufnahme des Verfahrens schriftlich eingereicht und es damit begründet, dass er bei dem Doppelmord in Ebersberg als Täter, d. h. Mörder, nicht in Betracht kommen könne; er habe bei dem Verbrechen nur als Dieb mitgewirkt und der Mord sei von einem gewissen Josef Huber ausgeführt worden. Die bei ihm vorgefundenen Schmuck- und Wertsachen, sowie die beiden Sparkassenbücher habe er gestohlen. Der Mörder, Josef Huber, sei ein Mann, der mit ihm auf der Militärstrafgefangenenanstalt Festung Oberhaus eine längere Freiheitsstrafe verbüßt und mit ihm eine Zelle geteilt habe. Die Angabe bezüglich der gemeinschaftlichen Zellenhaft mit einem Strafgefangenen Huber haben sich nach den heute Nacht erholten telegraphischen und telefonischen Informationen der Staatsanwaltschaft als richtig erwiesen. Doch seiner weiteren Angabe nach sei er mit diesem ehemaligen Mitgefangenen vor der Verübung des Mordes in einer Wirtschaft zusammengekommen und habe mit ihm die Ausführung eines Einbruchdiebstahls im Glas'schen Anwesen verabredet. Huber habe aber bei der Verübung des Diebstahls die Glas und den Schmid ermordet. Der Vollzugsbeamte, Kgl. I. Staatsanwalt Aschenbrenner, verständigte nach einem längeren Verhör des Verurteilten, welches in der Nacht von fast 2 Stunden von ½ 11 bis gegen ½ 12 Uhr dauerte, das Richterkollegium, das heute früh den Beschluss fasste, die Hinrichtung zu sistieren.

Allramseder hatte noch an seine Angehörigen Briefe geschrieben und bat diese um Verzeihung. Seine Frau, die sich zur Zeit in Cham befindet und ihm keinen Besuch mehr abstattete, ließ er telefonisch um Verzeihung bitten, was ihm auch gewährt wurde. Der Verurteilte legte sich nach dem Verhör nieder und schlief bis gegen 4 Uhr früh, um welche Zeit er geweckt wurde, um noch mit dem Pater zur Kirche zu gehen, wo eine Messe gelesen wurde. Er beteiligte sich sichtlich sehr wenig am Gebete. In seine Zelle zurückgeführt, ließ er sich den ihm gebrachten Kaffee sehr wohl schmecken.

Der Fall der Verschiebung eines vollstreckbaren Todesurteils steht in der bayerischen Justiz und wohl überhaupt in der neueren Strafrechtspflege einzig da. Es ist nicht ein einziger Fall bekannt, in dem ein Todesurteil sistiert wurde. Die Tatsache, dass die Vollstreckung eines vom Staatsoberhaupt bestätigten Todesurteils durch einen wenige Stunden vor der Hinrichtung erfolgten Beschluss des Gerichts sistiert wurde, erregt begreiflicherweise die Gemüter in außerordentlichem Maße. Nach den Bestimmungen unserer Strafprozessordnung §§ 399 und 400 findet eine Wiederaufnahme des Verfahrens zu Gunsten des Verurteilten statt, wenn neue Tatsachen oder Beweismittel beigebracht sind, die allein oder in Verbindung mit den früher erhobenen Beweisen die Freisprechung des Angeklagten oder eine geringere Bestrafung zu begründen geeignet sind. Durch den Antrag auf Wiederaufnahme des Verfahrens wird die Vollstreckung des Urteils nicht gehemmt, das Gericht kann jedoch einen Aufschub sowie Unterbrechung der Vollstreckung anordnen.

Der Landgerichtspräsident bestimmte zur Prüfung der Angaben des Allramseder die Herren Landgerichtsräte Dr. Engelmann, Müller und

Schlesinger, die sich früh morgens in Stadelheim einfanden. Der Kgl. Staatsanwalt hatte in der Zwischenzeit über die Persönlichkeit des Huber telegraphische Recherchen eingeleitet. Um 6 ¾ Uhr morgens traf die telegraphische Nachricht, die eine Bestätigung der Angaben des Allramseder über seine gemeinsam verbüßte Haft in Oberhaus enthielt, ein. Darauf fasste das Gericht den von dem Kgl. Staatsanwalt bekannt gegebenen Beschluss, dem Gesuche des Allramseder auf Wiederaufnahme des Verfahrens sei stattzugeben und der Vollzug der Todesstrafe an demselben aufzuschieben. Der Erste Staatsanwalt Loder vom K. Landgericht München II ist heute nach Rottenburg gereist, um den dort in Haft genommenen Korbflechter Josef Huber, den Allramseder als seinen Mittäter beim Doppel-Raubmorde in Ebersberg bezeichnet hat, zu verhören.

Der vorgenannte Kgl. Staatsanwalt ist von seiner Dienstreise nach Rottenburg, wo er der richterlichen Vernehmung des verhafteten Komplizen des Allramseder beiwohnte, bereits wieder zurückgekehrt. Dem Vernehmen nach konnte Huber nachweisen, dass er im Vorjahre mit Allramseder nicht mehr zusammengekommen ist, da er während des ganzen Jahres und insbesonders zur Zeit, in welcher die Witwe Glas und deren Enkelkind ermordet wurden, seinen Aufenthaltsort nicht verlassen hat. Das Gesuch Allramseders um Wiederaufnahme des Verfahrens ist abgewiesen worden, ebenso die gegen diesen abweisenden Beschluss erhobene Beschwerde zum Obersten Gerichtshof. Seine Kgl. Hoheit, der Prinzregent, empfing heute, den 25., dazu Mittag den Justizminister von Miltner in besonderer Audienz und hörte dessen Vortrag über den Verlauf der angestellten Erhebungen hinsichtlich des Doppelmörders Allramseder an. Der Minister setzte Seine Kgl. Hoheit in Kenntnis, dass, nachdem niemand anderer als Allramseder selbst die mörderische Tat ausführte, seine Hinrichtung am Montag, den 27. de jure erfolgt. Da das schwurgerichtliche Urteil auf Verhängung der Todesstrafe bereits allerhöchst bestätigt ist, so hat der ernannte Vollstreckungskommissär, der Kgl. Erste Staatsanwalt Aschenbrenner, vorerst nur mehr die Aufgabe, den Beschluss des Obersten Landgerichts dem Allramseder mitzuteilen; dies wird morgen, Sonntag, den 26. de jure morgens, dem Allramseder vom vorgenannten Staatsanwalt und dem Kgl. Sekretär Schumann eröffnet werden. Eine weitere 24stündige Gnadenfrist wird dem Delinquenten nicht mehr gewährt. Bemerkenswert ist, dass die Hinrichtung Allramseder an dem Tage vorgenommen wird, an dem er von Jahresfrist die Bluttat begangen hat, die er nun mit dem Tode sühnen muss.

Die Hinrichtung des Albert Allramseder fand heute, den 27., de jure, früh 7 Uhr, im Hofe des Strafvollstreckungsgefängnisses Stadelheim ohne weitere Hindernisse statt. Kurz vor Vollzug dieses Aktes gestand der Delinquent, die Mordtat zwischen dem 26. und 28. Februar vorigen Jahres, an der Gütlerswitwe Katharina Glas und deren Enkelkind Franz Schmid, allein begangen zu haben.

Neben dem Vollzugskommissär, dem Ersten Staatsanwalt Aschenbrenner, waren als amtliche Kommission die Landgerichtsräte Dr. Engelmann und Scheupel, ferner Herren Medizinalrat und Landgerichtsarzt Dr. Hofmann, Gefängnisarzt Dr. Gruber und der Gefängnisinspektor Brucker in der Amtstracht erschienen. Kurz vor 7 Uhr wurde Allramseder von zwei Nachrichtergehilfen aus der Delinquentenstube abgeholt und zum Schafott geführt; Allramseder trat mit ziemlicher Fassung den letzten Gang an.

Anwesend waren 12 bürgerliche Zeugen und 45 Personen als Zuschauer mit Karten, sowie 2 Tambour. Zeitdauer der Hinrichtung, und zwar von der Zelle bis zum Tische vor der Richterkommission und Verlesung des Urteils durch den Kgl. Sekretär Schumann an den Delinquenten, dauerte 2 Minuten. Die Hinrichtung selbst, welche durch den Kgl. Nachrichter Franz Xaver Reichhart vollzogen wurde, dauerte 36 Sekunden.

Als Gehilfen waren tätig und zwar: Josef Hinterdorfer, Dienstmann in München als erster und Martin Kißlinger, Ökonom in Altfraunhofen als zweiter.

Gefertigt: München, den 28. Februar 1905,
F. Xaver Reichhart, Kgl. Nachrichter.

Abb. 12: Albert Allramseder

✠ **Raubmörder Allramseder.** Nachdem das von dem Verteidiger des vom oberbayerischen Schwurgericht unterm 22. Oktober vorigen Jahres gegen den verheirateten Schneider Albert Allramseder von ~~Leugeham, Amtsgerichts Pfarrkirchen~~, zuletzt wohnhaft in Altötting, eingereichte Begnadigungsgesuch von Sr. k. Hoh. dem Prinz-Regenten abschlägig verbeschieden worden ist, wurde heute Montag Früh 7 Uhr dem in der Anger-Fronfeste untergebrachten Allramseder der Allerhöchste Willensakt durch den Vollstrekungskommissar kgl. ersten Staatsanwalt Aschenbrenner und den k. Sekretär Schumann eröffnet. Allramseder machte von der Vergünstigung der 24stündigen Gnadenfrist Gebrauch und wird daher das Todesurteil an demselben am Mittwoch Vormittags 7 Uhr im Hofe des Strafvollstreckungs-Gefängnisses zu Stadelheim durch den k. Nachrichter Reichart vollzogen.

Die bevorstehende Hinrichtung des Doppelraubmörders Albert Allramseder ist die 49. Hinrichtung in München seit der ersten Exekution mittels Schwertes am 12. November 1836. Seit dieser Zeit wurden gerichtet 10 Verurteilte mit dem Schwert und (seit 3. August 1854) 39 mittels Fallbeils, davon 20 öffentlich (der letzte am 25. Februar 1860) und 19 bei beschränkter Oeffentlichkeit. Unter den 49 Hingerichteten befanden sich eine Kinder- und zwei Gattenmörderinnen, ein Soldat des 2. Infanterie-Regiments, ein Bruder-, ein Schwester- und ein Kindsmörder. Seit der Verlegung der Hinrichtung von der Angerfronfeste nach dem Zentralgefängnis Stadelheim wurden gerichtet der Lustmörder Otto Giersberg am 26. April 1895, dann Jakob Stadele am 16. Juli 1897, Joseph Wammersberger am 4. Juni 1898. Die letzte Hinrichtung dort fand im März 1899 statt. Der Zementarbeiter Aloys Egger, welcher auf dem Wege zwischen Grassau und Uebersee ein Dienstmädchen ermordet und in die Aache geworfen hatte, sühnte sein Verbrechen mit dem Tode.

Abb. 13: Zeitungsartikel Albert Allramseder

34. Fall: Huber Johann

Katholisch, im 36. Lebensjahre, verheiratet, Bierbrauer-Gehilfe vom Gimpling, hingerichtet am Freitag, den 1. September 1905, zu Stadelheim bei München, wegen Raubmord.

Huber Johann, wegen Diebstahl und Betrug wiederholt mit Gefängnis und schwerem Kerker vorbestraft, wurde durch seine Ehefrau Betti Huber mit dem Zimmermädchen Greta Falch, Schreinerstochter von Oberföhring, bekannt gemacht. Greta Falch, deren Eltern in den 80er Jahren ohne Hinterlassen eines Vermögens starben, wurde vom 6. - 16. Lebensjahre im Kloster Indersdorf erzogen, besaß ein Vermögen von 800 M, das aus Ersparnis und Erbschaft stammte. Unter der Maske eines Liebhabers und unter dem falschen Namen N. Neumaier, Metzgermeister, Betreff Heirat (wozu die Betti Huber der Greta Falch die Briefe in dem Aufenthaltsort Holzapfelkreuth, wo die Betti Aushilfskellnerin war, übermittelte), lockte Huber Johann die Greta Falch am 1. September 1904 morgens in seine Wohnung, Forstenriederstraße Nr 12 a und stach dem sich heftig sträubenden Mädchen mit einem scharfen Messer in den Hals, den Kehlkopf, die Speiseröhre, die Luftröhre, die Schilddrüsen und durchschnitt die Wirbelsäulenarterie, welche Wunden den sofortigen Tod der Greta Falch herbeiführten. Huber nahm das Bargeld von 100 M und 200 M, sowie ein Ledertäschchen. Betti nahm bei ihrer Heimkehr zwei Blusen, 1 Tuchrock und Ledergürtel im Werte von 40 – 50 M. Die beiden Huber packten die Leiche in eine Holzkiste, verbrachten dieselbe auf einen Milchkarren, den die Betti Huber schon tags zuvor bestellte, in ein am Sendlinger Oberfeld gelegenes Wäldchen, nahe der thermischen Vernichtungsanstalt, wo sie die Tote derart zu liegen brachten, die Röcke über sie geschlagen, als ob ein Lustmord verübt worden wäre.

Johann Huber verreiste sich in eine Brauerei, Tag darauf nach Miltenberg zum Dienstantritt (aber auf mit einem Telegramm der Betti), reiste nach einigen Tagen nach Berlin ab, wo er mit seiner Frau Betti zusammentraf und endlich in der Nähe von Berlin beide verhaftet wurden. Vom 1. bis 18. Mai 1905 dauerte die Verhandlung des Oberbayerischen Schwurgerichts. Nun wurde Huber Johann wegen Mord-Raub zum Tod und Ehrenverlust, Betti Huber wegen Beihilfe zu 10 Jahren Zuchthausstrafe verurteilt. Am 1. August wurde vom Reichsgericht die Revision von Johann und Betti Huber verworfen. Und da auch von seiner Kgl. Hoheit, dem Prinzregenten Luitpold, eine Begnadigung nicht stattfand, so wurde ihm der Vollzug der Todesstrafe am Mittwoch, den 30. August 1905, durch Herrn 1. Staatsanwalt Aschenbrenner eröffnet und die Hinrichtung auf 1. September, früh 7 Uhr, festgesetzt.

Huber verschmähte den geistlichen Zuspruch vollständig, zu Pater Canisius sagte er: „Sie sind ein Ehrenmann, Sie tun Ihre Pflicht, aber ich will nichts davon wissen, gehen Sie nur wieder heim." Und so blieb er kalt wie er war bis zum Tode und ohne ein Geständnis abzulegen. Essen und Trinken ließ er sich sehr wohl schmecken so viel man ihm reichte, rauchte Zigarren, schnupfte Schmai[33] bis er zum Schafott

---

[33] Schmai (auch Schmaizla) ist der bayerische Begriff für die Sonderform des Schnupftabaks, der mit Schweineschmalz (daher der Ausdruck) hergestellt wurde und dadurch nicht besonders lange haltbar war. [Quelle: Wikipedia]

geführt wurde. Von seiner Ehefrau Betti Huber, welche jetzt im Zuchthaus Würzburg untergebracht, erhielt Huber einen Brief indem sie ihn bat, reumütig mit der Kirche sich auszusöhnen, zu beichten und die letzte Wegzehrung zu empfangen. Huber antwortete darauf brieflich: „Du weißt, dass ich nie was auf diese Sachen gehalten habe und an nichts glaube, ich tue daher was ich mag." Der Brief schloss mit den Worten: „Ich grüße Dich tausendmal, heute schreibe ich dir zum letzten Mal." Den gleichen Schluss hat auch der Brief, den er an seine Geliebte, eine Fabrikarbeiterin Kreszenz Siebmann richtete, die er als Erbin seiner Hinterlassenschaft einsetzte. Die letzte Nacht schlief er ganz ruhig und ohne Aufregung. Früh 5 Uhr musste er erst geweckt werden. Beim Anlegen der Augenbinde sagte er laut: „Das häts nicht gebraucht."

Anwesend waren I. Staatsanwalt Aschenbrenner, Landgerichtssekretär Schumann, die Kgl. Landgerichtsräte Ellmann, Dr. Neumayer, Landgerichtsarzt Dr. Uetzel, Gefängnisarzt Dr. Gruber, Inspektor Graf, alle in Uniform. Dann 2 Trommler, 12 Zeugen und ungefähr 50 Personen als Zuschauer und Schutzleute. Die ganze Hinrichtung von der Zelle bis zum Fallen des Beiles hatte eine Zeitdauer von 2 Minuten 50 Sekunden beansprucht.

Gehilfen: J. Hinterdorfer, M. Kißlinger

35. Fall: Hirtz Friedrich

Geboren am 21. Dezember 1882, protestantisch, verheiratet, Schuhmacher in Pirmasens, Vater von einem Buben und einem zu erwartenden Kinde. Am 13. Januar 1906, morgens 8 Uhr, wurde Hirtz im Kgl. Landgerichtsgefängnis zu Zweibrücken, wegen Verbrechen des Raubmordes hingerichtet.

Nachdem seit dem 7. März 1862, vormittags 8 Uhr, in Zweibrücken keine Hinrichtung mehr stattgefunden hat, so war die Neugierde schon bei meiner Ankunft in Zweibrücken eine überaus große. Bei dem Gasthaus, in dem ich Wohnung genommen habe, waren Fenster und Türen stets belagert; ebenso bei meinen Ausgängen, zum Justizgebäude und Gefängnis und zurück zu meiner Wohnung haben sich tausende von Menschen angesammelt.

Abb. 14: Hirtz Friedrich

Friedrich Hirtz hat die Söldnerswitwe Stotz, bei welcher er beherbergt und gepflegt wurde, am 11. Oktober 1905, von rückwärts überfallen und ermordet und an Bargeld von 15 M beraubt. Einen weiteren Versuch machte p Hirtz am 13. Oktober 1905 bei der Trödlersfrau Adele Junkerwald, um dieselbe zu töten und gab derselben mehrere Hiebe auf den Kopf, dass dieselbe in Lebensgefahr schwebte und er einen Betrag von 8 M raubte. Am 26. September 1905 begab sich p Hirtz zum Kohlenhändler Gieger in dessen Wohnung, um angeblich Kohlen zu zahlen. Da gelang es dem Hirtz, während die Eheleute sich zu Bett begaben und einschliefen, den Schlüssel zum Cassaschrank zu erreichen, wo er dann den Betrag aus dem Geldbeutel von 3 M, dann aus dem Cassaschrank einen Betrag von 230 M an sich eignete, wo er sich sofort nach Uffenheim zu einem Morde begab. Eine Reihe von Einbrüchen und Morden in der Umgegend hätte Hirtz noch geplant gehabt. Kurz nach der Mordtat wurde p Hirtz in seiner Wohnung verhaftet und in das Untersuchungsgefängnis Zweibrücken eingeliefert. Anfangs leugnete er hartnäckig, gestand jedoch alles reumütig zu und wurde sonach am 15. Dezember 1905 zum Tode und 15 Jahre Zuchthaus verurteilt. Nachdem Seine Kgl. Hoheit, der Prinzregent, nach allerhöchster Entschließung keinen Grund zur Begnadigung gefunden hat, so wurde dem p Hirtz am 11. Januar 1906 das Vollstreckungsurteil bekannt gegeben. Die weitere 24stündige Gnadenfrist hat p Hirtz erbeten und daher wurde am 13. Januar 1906, vormittags 8 Uhr, die Vollstreckung des Todesurteils vollzogen. Bei Eröffnung des Aktes war p Hirtz gefasst, weinte aber sehr viel. Den geistlichen Zuspruch hat er sich erbeten und ihm wurde der Herr Pfarrer Schunk in das Gefängnis zugeteilt, wo er geistlichen Zuspruch annahm. Ferner hat er um den Besuch von seiner Frau und Eltern noch gebeten. Der Abschied von seiner Frau und Kind war herzzerreißend mitanzusehen. Speise und Trank nahm er nur ganz mäßig zu sich, genoss weiter nichts als Milch und Brot. Sein Gang zur Hinrichtung war gefasst, jedoch sehr gebrochen und zitterte stark bei Verkündung des Urteils am ganzen Körper. Die Dauer der ganzen Hinrichtung von der Zelle bis zum Fallbeil waren 3 ½ Minuten; die wirkliche Hinrichtung vollzog sich in 38 Sekunden.

Die Kommission zur Hinrichtung des p Hirtz bestand aus dem I. Staatsanwalt Herr Letzler, dem Landgerichtssekretär Sprenger, sowie dem

Landgerichtsarzt, kaum 12 bürgerlichen Zeugen und 12 Zuschauern.

Als Gehilfen waren tätig und zwar: Josef Hinterdorfer, Dienstmann in München als I. und Martin Kißlinger, Ökonom von Altfraunhofen als II. Gehilfe.

München, den 14. Januar 1906,

F. Xaver Reichhart.

36. Fall: Weinmann Josef

Weinmann Josef, 36 Jahre alt, katholisch, ledig, Tagelöhner, früher Glasarbeiter von Weißensulz in Böhmen, gestorben am Samstag, den 23. Mai 1908, früh 6 ½ Uhr, im Hofe des Untersuchungsgefängnisses zu Straubing, durchs Fallbeil, wegen Ermordung seiner Geliebten. Der am 10. April 1908 vom Schwurgericht in Straubing wegen Mord und Raub an seiner Geliebten Agnes Lindenberger, katholisch, 32 Jahre alt, Schuhmacherstochter von Springenstein in Oberösterreich, welche wohl schon öfters wegen Gewerbsunzucht und Diebstahl bestraft wurde, zum Tod verurteilt.

Am 20. September 1906 gingen beide in aller Früh von Freyung[34], Oberpfalz, fort. Die Lindenberger wollte heim nach Österreich, Weinmann begleitet sie, lockte sie in den Wald und erdrosselte sie. Dann nahm er der Leiche die Geldbörse mit 10 Mark 70 Inhalt ab, schleppte die Leiche eine Strecke ins Dickicht, wo er sie mit Moos und Erde bedeckte, worauf er sich

---

[34] [Anmerkung: vermutlich Freihung]

davonmachte. Am 21. November 1906 wurde im Walde unweit von Schmatzhausen, Niederbayern, im Dickicht mit Moos und Erde bedeckt, die Leiche aufgefunden, die durch die Verwesung ganz unkenntlich war. Die Obduktion ergab, dass die Person ihren Tod durch Erdrosslung fand. Umfangreiche Recherchen führten endlich zur Identifizierung der Leiche. Die Fahndung nach dem Mörder hatte lange keinen Erfolg. Endlich führte die Spur auf Weinmann. Als fast genau ein Jahr nach der Tat in Haft genommen, gestand er die Tat zu und wurde zum Tod und dauerndem Ehrenverlust verurteilt. Am 22. Mai 1908, früh 6 ½ Uhr, eröffnete der Kgl. Staatsanwalt Pfrang in Begleitung des Kgl. Sekretärs Deimling und des Kgl. Landgerichtsarztes Dr. Held dem Todeskandidaten die Nicht-Begnadigung durch Seine Kgl. Hoheit, dem Prinzregenten. Weinmann nahm die Mitteilung sehr gefasst an, machte von der Gnadenfrist Gebrauch und benützte dieselbe zur Vorbereitung auf den Tod. Ließ sich vom Hochw. Herrn Pfarrprovisor Obelt Gebetbuch und Rosenkranz geben und betete viel und innig. Essen und Trinken ließ er sich wohl schmecken, machte Witze und schlief auch die letzte Nacht ganz gut. Um 5 Uhr morgens kommunizierte der Delinquent, wobei er mit Pfarrprovisor Obelt und Kooperator Weiß betete. Im Gefängnishof war alles in Ordnung.

Anwesend waren 12 Urkundspersonen und mit Karten 10 Personen, 2 Trommler. Punkt 6 ½ Uhr wurde Weinmann vorgeführt, rasch wurde das Urteil nochmals verlesen, kurzes Gebet, dann wurden ihm die Augen verbunden, die Hände auf den Rücken gefesselt, an die Fallschwertmaschine geführt, angeschnallt und in einigen Sekunden hat Weinmann seine Schuld gesühnt. Die Leiche wurde sofort seziert und in die Anatomie München überführt.

Als Gehilfen: als I. Josef Hinterdorfer, Dienstmann München, als II. Martin Kißlinger, Ökonom Altfraunhofen

München, den 26. Mai 1908, F. Xaver Reichhart

37. Fall: Zeiler Heinrich

Geboren am 8. Juni 1872 zu Bruckberg, Amtsg. Moosburg, beheimatet in Landshut, katholisch, ledig, Tagelöhner, gestorben den 5. Oktober 1910, früh 6 ½ Uhr, im Landgerichtsgefängnis zu Straubing, durchs Fallbeil, wegen Mordes.

Zeiler H., ein ungemein roher, arbeitsscheuer Mensch, u. a. wegen Körperverletzung mit Todesfolge zu 5 Jahren Zuchthaus verurteilt, ermordete am 4. Januar 1910 seine Geliebte, die 1864 geborene Maria Glebensberger, Beiname Tiroler Mirzel, in Gegenwart ihrer kranken Mutter mit einem Schlachtmesser durch 23 Stiche. Die Stiche wurden mit solcher Gewalt geführt, dass die starken Armknochen durchstochen wurden. Zeiler stellte sich sofort der Polizei. Am 9. Juli 1910 wurde sodann Zeiler H. vom Schwurgericht Straubing, unter Vorsitz des Kgl. Oberlandesgerichtsrats Dümler, München, zum Tod verurteilt. Das Begnadigungsgesuch, das Zeiler Heinrich an Seine Kgl. Hoheit, Prinzregent Luitpold von Bayern richtete, wurde abgelehnt.

Am Montag, den 3. Oktober l. J., morgens ½ 7 Uhr, eröffnete Herr Kgl. I. Staatsanwalt Fiedler, in Beisein des Kgl. Landgerichtssekretär und des Landgerichtsarzt Dr. Held, dem Todeskandidaten die Ablehnung seines Gnadengesuches durch Seine Kgl. Hoheit, dem Prinzregent Luitpold. Der Delinquent nahm die Mitteilung anscheinend gefasst entgegen, bat um Gewährung der weiteren 24stündigen Gnadenfrist, Hochwürden Herr Kooperator Weiß war ihm als geistlicher Beistand beigegeben. Die Gnadenfrist nützte Zeiler eifrig zur Vorbereitung auf den Tod aus, legte die Hl. Beichte ab, auch seine Schwester besuchte ihn im Laufe des letzten Tages. Am Sterbetag, früh 5 Uhr, empfing Zeiler andächtig die Hl. Kommunion und machte von allen Tröstungen der Religion Gebrauch. Punkt ½ 7 Uhr wurde der Delinquent vorgeführt; auf einen Sessel platznehmend. Kgl. Landgerichtssekretär Obermayer verlas nochmals das Todesurteil. Stoßweise sprach der Delinquent „Pfürdlich Gott ihr Herren", nach einer kleinen Pause „verzeiht mir was ich getan hab", dann betete er laut. Die Augen wurden verbunden und die Hände wurden auf den Rücken gebunden und er wurde zum Schafott geführt. Der ganze Vorgang vom Verbinden der Augen bis zum Fallen des Beiles mag keine Minute Zeit in Anspruch genommen haben.

Anwesend waren Kgl. I. Staatsanwalt Fiedler, die Kgl. Landgerichtsräte Ebner und Kaithel, Landgerichtssekretär Obermayer, Hochw. H. Stadtpfarrer Hinterwinkler und Stadtpfarrkooperator Weiß, 12 Zeugen, Ärzte und Vertreter der Presse und 2 Signalisten[35].

Als Gehilfen waren tätig: Josef Hinterdorfer als I, Dienstmann von München, Martin Kißlinger als II., Ökonom in Altfraunhofen

München, den 12. Oktober 1910

F. Xaver Reichhart, Kgl. Nachrichter.

---

[35] Als Signalisten wurden Tamboure und Hornisten der Infanterie im deutschen Heer genannt [Quelle: Meyers Großes Konversations-Lexikon, Band 18. Leipzig 1909, S. 740]

38. Fall: Raith Josef

Ledig, Tagelöhner, katholisch, geboren zu Regensburg am 5. Januar 1888, gestorben im Kgl. Landgerichtsgefängnis Amberg, am 20. Dezember 1911 durch das Fallbeil, früh 7 ½ Uhr, wegen Mord an Schutzmann Guggenberger.

Raith Josef, der bereits wegen Ruhestörung, Waffentragen, Hausfriedensbruch, schwerer Körperverletzung und Widerstand 23 Mal vorbestraft, ermordete den Schutzmann Gugggenberger im August 1911 durch 32 schwere Hiebwunden an Kopf und Arm und durch einen Stich in die linke Brustseite mit dem Säbel, den er dem Schutzmann entrissen, durchbohrte Lunge, Zwerchfell, Magen und Gekröse und hat dann die untere Hohlvene geöffnet und ist sogar in die Nieren eingedrungen. Der Stich war 28 Zentimeter lang, während dieser Grausamkeit rief Raith wiederholt: „Stirb Hund!". Der Schutzmann hatte ihn an der Holzlände Regensburg an der Donau zur Ruhe verwiesen.

Am 28. September l. J. vom Schwurgericht Amberg zum Tod und Ehrenverlust verurteilt. Und da Seine Kgl. Hoheit, Prinzregent Luitpold, keinen Grund zur Begnadigung gefunden, so wurde ihm am 18. Dezember 1911 die allerhöchste Entschließung der Nicht-Begnadigung eröffnet. Raith schimpfte auf Staatsanwalt, Geschworene und seinen Verteidiger. Erbat sich jedoch die weitere 24stündige Gnadenfrist, wies anfangs den geistlichen Zuspruch schroff zurück und ließ sich von niemanden beirren; später erbat er sich selbst geistlichen Zuspruch, beichtete und kommunizierte reuig, empfing am letzten Abend den Besuch seines Vaters und seiner Geschwister und verabschiedete sich recht innig unter Tränen. Schrieb noch mehrere Briefe, darunter einen an die Frau des

ermordeten Schutzmanns Guggenberger. Essen und
Trinken und Zigarre ließ sich Raith wohl schmecken.
Punkt 7 ½ Uhr wurde Raith vorgeführt, begleitet von
seinem geistlichen Kooperator Drexler; er war sehr
gefasst und als ihm das Urteil nochmals vorgelesen und
ein kurzes Gebet gesprochen, die Augen verbunden
und die Hände auf den Rücken gebunden wurden,
begann er laut zu sprechen „Liebe Eltern und
Geschwister", dann wurde Wirbel geschlagen. Beim
Führen zum Schafott stemmte er sich stark, jedoch in
50 Sekunden war er an das Brett angeschnallt,
hineingeschoben, das Schwert sauste nieder und es war
seine Tat gesühnt.

Anwesend waren der Kgl. I. Staatsanwalt Herr
Weigl, die Landgerichtsräte, Sekretär, 12 Zeugen,
vielleicht 10 - 12 Personen Zuschauer, zwei Trommler,
12 Mann Militär.

Unliebsames Vorkommnis

Als ich am 20. Dezember 1911, früh 6 Uhr das
Podium betrat, musste ich zu meinem Erstaunen
wahrnehmen, dass die beiden Anschnallriemen und
eine Schnalle von dem Anschnallbrett abgeschnitten
waren. Der Richtblock war während der letzten Nacht
am Podium festgeschraubt worden und das
Anschnallbrett lag in der Führung darüber, alles gut
zugedeckt. Ich ließ sofort einen Sattler holen, der dann
das Maß und die Länge und Breite der Riemen nahm,
die Riemen und Schnallen holte und bis 5 Minuten nach
7 Uhr waren Riemen und Schnallen angemacht und zur
Hinrichtung alles bereit. Ein Feind der Todesstrafe oder
ein Freund Raiths ist über die hohe Gefängnismauer
mittels Leiter gestiegen und hat die Riemen gestohlen.

Als Gehilfen: I. Josef Hinterdorfer, München, II.
Martin Kißlinger, Altfraunhofen

F. Xaver Reichhart, Nachrichter

39. Fall: Straßer Johann Baptist

Katholisch, ledig, Zinngießer, geboren in Niederalteich, Kgl. Landg. Hengersberg, 32 Jahre alt, gestorben am 25. September 1913, durchs Fallbeil, wegen zweier Morde.

Straßer erschoss am 13. Mai 1913, nachmittags 1 Uhr, in der Nähe des Friedensdenkmals bei der Prinzregenten-Brücke, den preußischen Mayor und Militärattaché bei der preußischen Gesandtschaft hier, von Lewinski, meuchlings durch zwei Pistolenschüsse und den ihm zur Hilfe geeilten Schutzmann, Oberwachtmeister Bohlender, durch mehrere aus derselben Pistole. Der Oberwachtmeister blieb tot am Platze, Major von Lewinski starb ohne das Bewusstsein wiedererlangt zu haben im Sanitätsautomobil vor seiner Überbringung in die Klinik.

Straßer lernte bei seinem Stiefvater das Zinngießer-Handwerk und trat als Geselle in München in Arbeit. Er war längere Zeit auf der Wanderschaft und wurde 35 Mal bestraft und eingesperrt, 7 Jahre und 4 Monate hat er im Gefängnis und Arbeitshaus im Ganzen zugebracht. Als seine Eltern starben, erbte er ein Vermögen von 4000 M, nebst 600 M Zinsen. Bei einer Grundspekulation bei Aubing verlor er sein Geld bis auf 1000 M. Mit Gott und der Welt zerfallen, hatte er den Vorsatz etwas anzufangen, was Aufsehen erregt und wodurch er seinem Hasse gegen die bestehende Rechtsordnung Ausdruck geben könne. In der Prinzregentenstraße sah er öfters bei der preußischen Gesandtschaft den Major von Lewinski. Er fasste den Entschluss, diesen, dessen Namen er gar nicht kannte, zu erschießen.

Da nun das ärztliche Gutachten dahin lautete, dass Straßer für sein Verbrechen voll und ganz verantwortlich gemacht werden könne, so wurde

Straßer am 4. Juli 1913 vom Schwurgericht zweimal zum Tod verurteilt. Da nun Seine Kgl. Hoheit, Prinzregent Ludwig, keinen Grund zur Begnadigung gefunden, so wurde Straßer am 23. September 1913, früh 6 ½ Uhr, die Nichtbegnadigung durch den Kgl. 1. Staatsanwalt Sturm bekannt gemacht. Straßer zitterte merklich und erbat sich die weitere 24stündige Gnadenfrist.

J. B. Straßer ließ sich in den letzten 48 Stunden Essen und Trinken wohl schmecken und rauchte Zigaretten und war am Mittwoch tagsüber guten Humors, unter anderem sagte er: „Ja hämmert nur fest da draußen am Schafott, deshalb schmeckt mir das Essen doch!" Dem Kapuzinerpater gegenüber: „Was wollen Sie bei mir, ich will Sie nicht!" Beim Abschied seiner Schwester und Tante sagte er: „Ist das alles?" Gegen Abend ging er in sich und beichtete dem Pater Canisius. Die letzte Nacht schlief er so fest, dass er laut schnarchte und musste morgens um 3 Uhr geweckt werden. Er empfing dann sichtlich gebrochen von Pater Salvian die Hl. Kommunion, betete jedoch wenig. 5 Minuten vor ½ 7 Uhr wurden ihm schon in der Zelle das Armensünderhemd angezogen und die Hände auf den Rücken gebunden, und Punkt ½ 7 Uhr trat Straßer, von den zwei Gehilfen geführt und 2 Kapuzinerpater begleitet, aus der Tür des Gefängnisses. Nach nochmaliger Verlesung des Urteils wurden ihm die Augen verbunden, er wurde wankend und gebrochen zum Schafott geführt, rasch auf das Brett geschnallt, unter das Beil geschoben, das sofort herabfiel, ein kurzes Gebet endete den Akt, der 37 Sekunden dauerte. Die Leiche wurde im Ostfriedhof beerdigt, seine Schwester und Tante, sowie Herr Staatsanwalt Sturm und ein Polizeibeamter überwachten die Bestattung, die Pater Salvian vornahm!

Anwesend waren Vollzugskommissär I. Kgl. Staatsanwalt Sturm, Gefängnisinspektor Bauer, die Landgerichtsräte Dimroth und Hausner, Landgerichtsarzt Dr. Herrmann, Gefängnisarzt Dr. Martinus, Gefängnisverwalter Zimmermann und der Bauamtmann Schulze. Im Ganzen waren es 31 Personen, darunter die 12 bürgerlichen Zeugen und mein Neffe Michael Reichhart von Wichenbach bei Wörth a. D.

Als Gehilfen:

I. Josef Hinterdorfer, Dienstmann hier

II. Martin Kißlinger, Ökonom, Altfraunhofen

40. Fall: Steger Heinrich

Katholisch, geboren am 18. April 1887 zu Hof, ledig, Dienstknecht von Unterkotzau, wegen zwei Verbrechen des Mordes gestorben, am 19. Mai 1915, durchs Fallbeil, im Untersuchungsgefängnis Bayreuth.

Im Sommer 1914 kam Steger nach Joditz zu dem Landwirt Dütsch, bei dem er schon 3 Mal im Dienst stand und wieder in Dienst treten wollte. Diesmal wurde er von der Frau Dütsch empfangen, weil der Mann zum Militär eingerückt war. Steger bekam keine Arbeit diesmal, da es früher schon Differenzen gab, weil Steger am Morgen nicht aufstehen und nicht viel arbeiten wollte. Der Angeklagte stellte sich freiwillig zum Militärdienst, wurde aber wegen Vorstrafen nicht angenommen. Auf seinen Irrfahrten kam er auch nach Wildenstein, wo er 4 Wochen arbeitete. In Wildenstein hörte er, dass ein gewisser Bürger Geld brauche, worauf Steger erwiderte, dass er wüsste, wo Geld zu haben wäre. Von Wildenstein ging er nach Wüstenselbitz und ist von da nach Münchberg gefahren, von wo aus er den Schnellzug nach Hof benützte; begab sich dann nach

Brunnenthal, wo er in der Schnabelschen Scheune 8 Tage lang in Stroh nächtigte, ohne während dieser Zeit etwas zu essen oder zu trinken. Am 19. November kam er abends nach Joditz, wo er in das unverschlossene Haus das Landwirtes Dütsch eindrang, sodann in die Gerätekammer ging, ein Brecheisen an sich nahm und sich die Stiege hinaufschlich, in die Schlafkammer der Frau Dütsch ging, wo diese mit ihren zwei Kindern schlief. In der Schlafkammer brannte wegen der Kinder ein Nachtlicht. Steger versetzte der Frau Dütsch mit dem Brecheisen einige Schläge, worauf er mit dem bei sich führenden Messer auf die Frau einstach. Als er sich sagte, diese hat ihren Teil, ging er in das anstoßende Nebenzimmer, in der die Schwiegermutter der Frau Dütsch schlief. Steger schlug auch hier, nachdem er mit der Hand nach dem Kopf der alten Frau tastete, mit dem Brecheisen auf den Kopf der Frau und stach dann ebenfalls mit dem grifffesten Messer auf sie 6 Mal ein. Während des Vorgangs im Nebenzimmer kam die junge Frau Dütsch wieder zu sich und stieß Hilferufe aus, wodurch auch die Kinder erwachten und ebenfalls laut aufschrien. Durch diesen Vorgang wurde der Angeklagte jedenfalls von seinem Vorhaben abgehalten, Geld zu stehlen, er bekam Angst und flüchtete. Er begab sich nach Hause zu seinen Eltern, wo er auch gleich darauf verhaftet wurde.

Wegen der beiden Mordtaten, ohne Reue zu zeigen, ganz kalt, wie er die beiden Frauen ums Leben brachte, wurde Steger H. am 16. April 1915 vom Schwurgericht Bayreuth zweimal zum Tod und dauernder Aberkennung der bürgerlichen Ehrenrechte verurteilt. Da nun durch Seine Majestät, König Ludwig, eine Begnadigung nicht erfolgte, so wurde Steger H. am 17. Mai 1915, früh 6 Uhr, das vollstreckbare Urteil eröffnet. Steger erbat sich die weitere 24stündige Gnadenfrist, schrieb noch einen Brief an seine Mutter, die er noch zu sich zu kommen bat, die es aber vor Aufregung (3 Söhne stehen im Feld, wo sie nichts weiß) ablehnte, da sich ihr Mann gleichgültig um nichts kümmert. Steger ließ sich während der 2 Tage Essen und Trinken wohl schmecken und rauchte gemütlich Zigaretten. Steger bereitete sich aber auch auf den Tod vor. Beichtete und empfing   das   Hl.   Abendmahl. Zwei Minuten vor 6 eröffnete ihm der Erste Herr Staatsanwalt Seitz, dass nun die Zeit der Vollstreckung gekommen. Schlag 6 Uhr früh wurde der kräftig gewachsene Büßer unter dem Beistand des Herrn Pfarrer Seßner zum schwarz gedeckten Tisch geleitet, wo das Todesurteil nochmal verlesen wurde. Nach Verbinden der Augen und Hände bestieg er gefasst die Bühne, wo er der irdischen Gerechtigkeit Genüge tat. Der ganze Hinrichtungsakt dauerte kaum 4 Minuten.

Anwesend waren 12 Zeugen und 8 Zuschauer.

Als Gehilfen: I. Josef Hinterdorfer, Dienstmann; II. Martin Kißlinger, Ökonom, Altfraunhofen

F. Xaver Reichhart

41. Fall: Eisenhofer Peter

Katholisch, geboren am 9. Oktober 1893, Tagelöhner von Fronau, Raubmörder, gestorben am 5. Juni 1918 im Untersuchungsgefängnis Amberg. Eisenhofer hat, wie die Schwurgerichtsverhandlung ergab, am 12. Januar l. J. den 71 Jahre alten Gütler Josef Kiener von Fronau mit einem Beil erschlagen.

Nach seiner Entlassung vom Militär war er seit 3. Januar l. J. in Nürnberg als Schlosser in Stellung, reiste dann mit der Absicht bei Kiener zu stehlen nach Fronau, da er von seinem Vater nichts mehr zu hoffen hatte. Er stieg nachts durch ein Fenster und räumte die vorhandenen Truhen und Kästen, wobei ihm Wäsche,

Kleidungsstücke und ein Geldbetrag von 220 M, Fleisch, Butter, Schmalz in die Hände fiel. Als er nun alles verpackt, erschien der bestohlene Kiener in der Tür, bewaffnet mit einem Beil. Eisenhofer entriss dem Kiener das Beil und versetzte ihm mehrere Schläge auf den Kopf bis er tot war.

Als 17jähriger Bursche wurde er wegen Straßenraub zu 3 Jahren Gefängnis verurteilt. Das Schwurgericht in Amberg verurteilte nun Eisenhofer, am 19. März 1918, zum Tod und da seine Majestät, König Ludwig, keinen Grund zur Begnadigung gefunden, wurde ihm am 3. das vollstreckbare Urteil bekannt gegeben. Er bat um die weitere 24stündige Gnadenfrist, war sehr standhaft und nahm geistlichen Zuspruch sehr gerne an. Stadtpfarrkooperator Lermer leistete ihm Beistand.

Anwesend waren: 1. Staatsanwalt Weigel, Landgerichtsdirektoren Müller und Wachter, Obersekretär Königer, Landgerichtsarzt Dr. Zängerle, 12 Urkundspersonen, eine militärische Abteilung mit Tambour. Der ganze Hinrichtungsakt dauerte knapp 4 Minuten von der Zelle bis zum Fallen des Beiles.

Als Gehilfen waren tätig: als I. Josef Hinterdorfer, als II. Kohlenhändler Alois Huber.

So geschrieben am 8. Juni 1918
F. Xaver Reichhart
Kgl. Nachrichter.

42. Fall: Schreppel Edmund

Schlosser, verheiratet, jedoch wieder geschieden, aus Rentwertshausen, 35 Jahre alt, protestantisch, gestorben am 15. Juli 1920 im Zuchthaus zu Untermarsfeld, Gericht Meiningen, durchs Fallbeil, wegen Lustmord an Rosa Völker.

Edmund Schreppel, der vielfach wegen Raub, Sittlichkeitsverbrechen, Notzucht bestraft; wurde wegen Notzucht und Mord an dem noch nicht 14jährigen Mädchen Rosa Völker von Rodach in Bayern verurteilt, welche er ferner schlachtete, die Knochen auslöste und das Fleisch als Hammelfleisch verkaufte, zum Teil selbst aber fraß er die Geschlechtsteile in der Annahme, dass er gesund werde. Er, Schreppel, war nämlich durch und durch syphilitisch. Vom Schwurgericht zu Meiningen am 27. April 1920 zum Tod, dauernden Verlust der bürgerlichen Ehrenrechte und wegen qualifiziertem Raub und Notzucht und unzüchtigen Handlungen zu 15jährigem Zuchthaus verurteilt. Da nun das Ministerium Coburg keinen Grund zur Begnadigung vorfand, so wurde am 15. Juli 1920, früh 6 Uhr, die Hinrichtung mittels Fallschwertmaschine (von München, Bayern) vollzogen. Schreppel ließ sich Essen und Trinken und Rauchen wohl schmecken, bedauerte nur, dass es ihm nicht früher eröffnet wurde, dass er sich noch einige gute Tage auftun hätte können. Geistlichen Zuspruch erbat er sich, betete fleißig, so auch auf dem letzten Gang.

Anwesend waren der Herr I. Staatsanwalt Bernhart, sowie der Obersekretär, 12 Zeugen, der Herr Landgerichtsarzt und einige Reichswehrsoldaten. Der ganze Hinrichtungsakt dauerte nachdem der Delinquent ungefähr 50 Meter bis zur Guillotine zu Fuß zurücklegte, 2 Minuten.

I. Gehilfe Josef Hinterdorfer, München
II. Gehilfe Michael Reichhart, Wörth a. D.

F. Xaver Reichhart, Nachrichter

Abb. 15: Schreppel Edmund

43. Fall: Brettinger Valentin

Winzer aus Hambach, 25 Jahre alt, katholisch, gestorben im Landgerichtsgefängnis Zweibrücken, früh 7 Uhr, am 20. April 1922, durchs Fallbeil.

V. Brettinger ermordete seinen Onkel, den 60jährigen Steuer- und Gemeindeeinnehmer Eckes, auf bestialische Weise. Da nun durch Ministerpräsidenten Graf Lerchenfeld kein Grund zur Begnadigung gefunden wurde, so wurde ihm am 19. des Monats die Vollstreckung bekannt gegeben. Brettinger verzichtete auf die 24stündige Gnadenfrist. Der Delinquent nahm den geistlichen Zuspruch gerne an, doch äußerte er sich, dass er, Brettinger, ebenso gut wie Herr Pfarrer in den Himmel komme. Er beichtete und kommunizierte eine Stunde vor der Hinrichtung. Er war sehr standhaft, ging ohne zu Sprechen zur Guillotine.

Anwesend waren I. Staatsanwalt Reich, Landgerichtssekretär Jung, 2 Landgerichtsräte. Der Hinrichtung wohnten ferner 12 vom Bürgermeisteramt, Bürger, darunter 6 Stadträte, mehrere Ärzte, Juristen und Pressevertreter bei. Der katholische Gefängnisgeistliche Roth begleitete Brettinger zur Guillotine. Der ganze Hinrichtungsakt dauerte 82 Sekunden.

Als Gehilfen: I. Josef Hinterdorfer. II. Gehilfe Michael Reichhart.

München, den 25. April 1922

F. Xaver Reichhart
Nachrichter

Personenregister

Able, Anselm S.25 ff.
Able, Georg S.25
Able, Josef S.26 ff.
Agelmann (Staatsanwalt) S.47
Allramseder, Albert S.74 ff.
Anders (Vikar) S.20
Angelus (Kapuzinerpater) S.38
Archangelus (Pater) S.24, 41, 46, 61
Artmann, Theres S.64
Aschenbrenner (Staatsanwalt) S.76, 80, 84, 85
Auerbach S.56
Bächel (Landgerichtssekretär) S.47
Bader, Franz S.59
Bader, Georg S.59, 60
Bauer (Gefängnisinspektor) S.96
Bauer (Landgerichtsrat) S.68
Bauer, Johann S.45, 46
Bawiedl, Wolfgang Wolf S.31
Berghofer S.47
Bergmann, Dr. (Landgerichtsarzt) S.32
Bermann, David S.63, 64
Bernhart (Staatsanwalt) S.100
Bickel (Staatsanwalt) S.29
Bilabel (Staatsanwalt) S.47, 59, 61

Bindl, Johann S.29
Blieninger, Anna S.47
Böckler S.69
Bohlender S.94
Bosch, Maria S.41
Bradl, Karl S.63, 64
Bradl, Max S.63, 64
Brandmeier (Stationskommandant) S.55, 56, 57, 58
Braun, Joseph S.47, 48
Bresele (Domkaplan) S.46
Brettinger, Valentin S.101
Brucker S.80
Brunnbauer, Johann S.15
Brunner (Pfarrer) S.44, 45
Buckreis, Josef S.16
Bürgel (Landgerichtsarzt) S.45
Bürgel (Staatsanwalt) S.48, 65, 71
Canisius (Kapuzinerpater) S.76, 84, 95
Danner, Rosa S.56
Deimling (Sekretär) S.89
Dietz (Landgerichtsrat) S.68
Diglhuber, Vinzenz S.70, 71
Dimroth S.96
Dremmel, Peter S.17
Drexler (Geistlicher) S.93

Ortsregister

Abbildungsverzeichnis

Abb. 1 (Titelfoto): Franz Xaver Reichhart, Martin Kißlinger und Josef Hinterdorfer

Abb.2: Rami Castulus S.14

Abb. 3: Johann Brunnbauer S.15

Abb. 4: Jakob Stadele S.30

Abb. 5: Rochus Geiger S.35

Abb. 6: Andreas Nowicki S.51

Abb. 7: Karl Bradl S.66

Abb. 8: Max Bradl S.66

Abb. 9: David Bermann S.66

Abb. 10: Jacob Stadi S.68

Abb. 11: Abschiedsbrief des Franz Xaver Steindl S.73

Abb. 12: Albert Allramseder S.81

Abb. 13: Zeitungsartikel Albert Allramseder S.82

Abb. 14: Friedrich Hirtz S.86

Abb. 15: Edmund Schreppel S.101

Abb. 16 + 17: Scharfrichtertagebuch (Auszug) S.112

Abb. 18: Konstruktionszeichnung der Münchener Fallschwertmaschine S.113

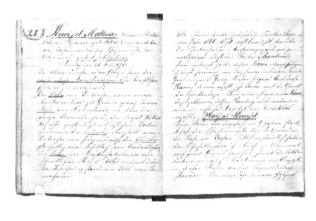

Abb. 16 + 17: Auszug aus dem Scharfrichtertagebuch

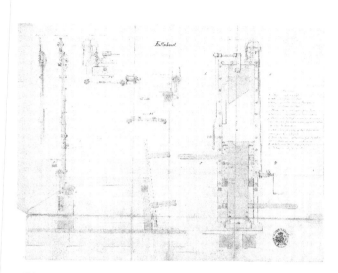

Abb. 18: Konstruktionszeichnung der Münchener Fallschwertmaschine

Printed in Great Britain
by Amazon

15593789R00068